犯罪心理X档案

精神病人异常的内心世界

何美怡 著

中国法治出版社
CHINA LEGAL PUBLISHING HOUSE

潜入犯罪者的脑中，

探寻正常与失常、理智与疯狂之间，

最模糊的界限。

前言

我为什么会成为法医精神科医生？

我小时候的梦想，是成为一名律师。而最后驱使我成为法医精神科医生的动力，要从我妈妈和一部电影说起。

我个性健谈，也很喜欢和人争论。小时候看电视，觉得做律师很威风，所以读中六[1]之前的选科，我原本想选当律师的科目，但那时妈妈跟

---

① 中一至中七为我国香港地区对中学年级的称呼。香港地区中学的旧制为初中三年（中一至中三），高中两年（中四至中五），预科（即预备入读大学的学科）两年（中六至中七），之后才能升读三年制的大学。2009 年 9 月开始，香港地区推行“三三四”学制，与内地接轨。——编者注

我说，当律师要为委托人辩护，成功替他们脱罪，才算完成工作。但如果委托人真的是罪犯，律师却帮他们脱罪，实际上是让坏人逍遥法外。

当时觉得这番话很有道理，于是我接受妈妈的建议选择当医生，因为医生的职责是救人，永远都在帮助别人，种下的善因会福泽后代。后来学医期间我看了一部电影《沉默的羔羊》，觉得非常有趣，电影是关于一个在押的连环杀人犯用心理学的方法帮FBI（美国联邦调查局）追凶的故事。这时我发现，原来有些医生的工作也会涉及法律。自此，我就下定决心，锁定了法医精神科。

要成为医生，不容易；而要成为法医精神科医生，却又不像想象中那样难。我在圣士提反女子中学（St. Stephen's Girls College）从小学读到中五，那所寄宿学校人数少，场地很宽阔，生活上的要求颇为苛刻。功课上，我比任何人都努力，中五要考GCSE[①]，我考了英文、德文、法文、历史、科学、数学，全都拿了A。当时我是那所学校历年来考试成绩最好的人。我也参加游泳、骑马、羽毛球等比赛，并且赢了些奖杯。这阶段，我觉得自己什么都会，因而培养出自信心。

不过，在我读到中五时，这所学校要倒闭。我考入了另一所更好、更有名望的布莱顿罗丁女

① General Certificate of Secondary Education，英国普通初级中学毕业文凭。——编者注

子学校（Roedean School）。坦白说，如果我没有在之前那所学校培养出超凡的自信心，或许很难在这所学校挨下去。这里的很多同学是贵族或有钱人，我总觉得跟某些师生相处起来格格不入，更要命的一点是，校方差点不让我进医科组。

那时我转到这所学校大概一个学期，还没有适应，而且这里藏龙卧虎，相较起来我的成绩不像之前那么出色。当时学校认为我的学业成绩不够好，因此不愿意让我进医科组。后来我不断努力，成绩一直维持在年级前三名。学校也许是看到我的努力成果了吧，让我进了医科组，不过留下一句话："无论将来有没有被大学录取，都与学校无关。"即将毕业时，我报考了五所大学的医学系，结果我是这所学校那一届唯一被五所大学的医学系都录取的学生！哈哈！我庆祝了整整一个暑假。

读医之路，是另一段非常辛苦的旅程。我的兴趣是法律，对药物、化学没多大兴趣；其中解剖学是我最不喜欢的，它让我第一次感到读书很困难。头两年的医科生涯还算过得去，可到了第三年，需要到内科、外科、骨科等科室实习的时候，我更觉医科并不是我的菜。绝大部分人的身体结构是一模一样的，在心脏科也好，骨科也好，虽然每次都会见到不同的病人，但他们的心脏、骨骼都大同小异，不会突然冒出一个从没见过的组织。我比较喜欢儿科，但一想到当中很多小朋友或许会身患绝症，就万般不忍。思前想后，还是觉得精神科最适合我。

我喜欢问问题。精神科能够一直让我发问，也能让病人说说他们的生活，每个个案都不一样，令我觉得很有意思。即使是同一种病，也可能会有不同的患病原因；而治疗过程也并非照本宣科，需要为病人量身定做疗程，因此我很早就决定要当精神科医生。

由于我的兴趣只在精神科，整体医学成绩只能说“还可以”，因此只有一家并不太出色的医院收我做实习医生。考到医生执照，申请专科培训时，我就想，为什么不向全英国，甚至全欧洲最好的医院叩门？抱着不妨一试的心态，我报了莫斯里医院（Maudsley Hospital）的训练课程。

坦白说，我没多大信心，但感恩的是，这家

著名的医院给了我面试的机会，可能因为我面试时充满热诚吧，他们竟然录取了我，真的令人喜出望外！我正式踏入了精神科！

在培训的过程中，我真的非常享受，觉得精神科很适合自己。其间，我有幸去贝特莱姆皇家医院（Bethlem Royal Hospital）实习。这是一家很大的医院，能遇上的病人也很多，比如患厌食症的病人、割腕的病人、无法痊愈的精神分裂症病人和抑郁症的病人，这里也有专属的病房，在这儿我第一次接触了法医精神科。

我非常喜欢法医精神科，也觉得这里最适合自己。一方面是因为我喜欢法律，另一方面是因为那些病人比较难治疗，我要想很多不同的方法去帮助他们，所以很有挑战性。两年培训结束，我在英国顺利当上精神科专科医生，但是因为要帮妈妈料理跟医疗相关的生意，我暂时返回香港。本打算帮一年半载就去英国继续从事我喜欢的法医精神科事业，但因为结识了现在成了我丈夫的男朋友，所以去不了英国了。

留在香港，还可以当法医精神科医生吗？香港只有医管局设有法医精神科，部门由上至下只有六个人。除行业冷门外，还有一个执业资格的问题。在英国成为法医精神科医生要考两个试，在香港则要考三个，工作三年之后还要再考一个，才能成为专科医生。那时候，我只考了两个英国的执业考试而已，换句话说，要做“插班生”，他们会容许我插班吗？我当时了解过，从来没有人试过做“插班生”，人家会为我破例吗？

幸好医管局愿意让我参加面试。面试结束之前，负责面试的人问我：“还有没有问题？”我想，如果不从事法医精神科，我也不愿意留在香港了，于是直接告诉他：“只有法医精神科这个部门给我职位，我才会留港。”简直就是叫人不要聘请自己，哈哈。可是过了不久，医管局打电话来，说我被录取了，就在法医精神科！

后来在这个部门做久了，跟上司熟稔，有一天我问他为何会录取我，他说，因为法医精神科是香港精神科之中出名的难做、辛苦的部门，除了看病和治疗，还需要写长长的报告。比起其他部门，这个部门要忙碌得多，因此从来没有人会说非进不可。上司觉得我这个女孩很奇怪，便决定录取我，看看我是不是真的这么“笨”，愿意留在这个部门。

之后，我在这个领域工作了十多年，其中，2005 年至 2012 年，我在香港唯一的法医精神科任精神科医生，在青山医院及小榄精神病治疗中心处理了超过两千五百个个案，撰写了两千多份法庭报告，其间，多次获裁判法院、区域法院及高等法院邀请，做专家证人。2008 年，我通过了第三个考试，成为精神科专科医生。

后来，因为私人原因，我转为私人执业。虽然离开了部门，但都是在同一圈子工作。

私人执业之后，我想进一步推广法医精神科

的工作。因为我发现，大部分人连这个专科的存在都不知道。有些人把法医精神科医生跟验尸官搞混了；也有些人虽然知道法医精神科是精神病学的一个专门分支，主要为监狱、监狱医院和社区内的精神病犯人提供精神病评估和治疗，以及为法庭撰写犯人的精神报告，但他们以为，写精神报告就是为犯人争取减刑。由于大众有太多误解，我决定出书，详细讲解法医精神科的工作，于是，就写了《犯罪心理X档案：法医精神科医生真实办案手记》这本书。

在书中，我通过大大小小的个案，让大家了解法医精神科的日常工作：在什么地方上班，团队怎样运作，如何处理个案、撰写法庭报告和到法庭做专家证人，病人离开小榄[1]之后如何跟进工作以确保他们重投社会后不会再犯案，等等。也说明了小榄就是一所有医疗设备的监狱，判入小榄不等于减刑等情况。

我计划把《犯罪心理X档案》写成系列，让大家进一步了解法医精神科，了解精神病。

最后，我希望法医精神科这个行业能够壮大，多一些年轻医生入行。法医精神科医生变多了，得益的永远是病人。

何美怡医生

① 即小榄精神病治疗中心，是我国香港地区为监狱需要精神观察、治疗、评估或特别心理服务的男女犯人、在押人员或羁留者等设立的院所。——编者注

推荐序

虚构的真实

大家好，我就是书中经常出现的Gary。（一笑）

《犯罪心理X档案》系列是何美怡医生的精彩作品，对于法医精神科的日常工作书中描写得很细腻，也让公众明白法医精神科医生是一份怎样的工作。她跟我说，书中人物都是虚构的，但每当读到她描写的法医精神科主管Gary时，我都会觉得那就是我，因为我就是她当年的主管。

认识何美怡医生很多年了，她从英国回到香港，半年之后，就来到我们法医精神科工作。她是我的学生，非常勤奋，办事能力强，语文能力也强，我们合作无间，也合作愉快。一直到我退休，她都是很得力的同事。而在我退休后一年，她到外面私人执业了，一直都有很好的口碑，我也替她高兴。

这本《犯罪心理 X 档案：精神病人异常的内心世界》，以性犯罪的个案为主，描写的精神病人的故事都是改编自香港的一些真实案例。我们都希望公众对精神病有更深入的认识，除了不要歧视他们之外，万一身边的人患病，我们也能够让他们第一时间得到帮助。我相信，这本书能够做到。

期待何美怡医生更多更精彩的作品。

中国香港医院管理局法医精神科前部门主管

阮长亨医生

自序

反思罪与病

《犯罪心理X档案：法医精神科医生真实办案手记》出版后，引发热烈反响，更成为“金阅奖”文史哲类获奖书籍，并获得香港教育城的“中学生最爱书籍”奖项，在此先感谢广大读者的支持。

《犯罪心理X档案：法医精神科医生真实办案手记》出版之后，很多人问我是否会出第二本著作。只要能推广法医精神科的工作，让人们更多地认识这个行业，更多地认识精神病，我乐于再写。第一本书已经介绍清楚法医精神科部门和医生的工作了，那么第二本书我应该写什么？

在工作中，我接触到许多精神病人，涉及性犯罪，如偷窥、偷拍、非礼、强奸等。这些都是给受害人造成极深创伤的罪行。丧心病狂之徒固然不可饶恕，但如果性犯罪是源于精神病的话，让大家对犯罪与疾病多点了解、懂得照顾患者，使他们在患病初期能够及时求医，也许可以避免不幸的事发生。

于是，我找来八个不同的性犯罪和精神病案例，改编成八个小故事，按病情的轻重排序——病情的轻重跟罪行的轻重是不一样的。选择这八个小故事的原因，是当中牵涉一些具有争议的话题，比如：精神病是否可以假扮；喜欢异装、喜欢跟踪别人的人，都是精神病患者吗；恋童癖如何界定；等等。

跟《犯罪心理X档案：法医精神科医生真实办案手记》一样，本书故事以真人真事为蓝本，但人物背景都是杜撰的，只保留了患者的症状和罪行的关系。书中我工作的地方依然是法医精神科，但由于本书以案件为主，所以跟上一本书不一样的是，案件之间没有时序上的关联，因此也很难像上一本书一样，每半年安排两位实习生登场。这次为方便阅读，我给实习生统一起了一个名字。

何美怡医生

目录

档案 1

凶手的真身
——精神病可以假扮吗?

既然有人误认为患有精神病可以减刑，那当然有人假扮精神病了。可是精神病患者真的可以假扮吗？什么样的演技才能瞒过精神科医生？告诉你，绝对不可能。因为你要欺骗的不只有医生，还有全世界。

案件：身中十三刀的女人

2011 年 3 月 2 日　油麻地某旧唐楼[①]

油麻地一幢旧唐楼里，一队警员拾级而上，

① 中国华南地区（包括香港及澳门）和东南亚一带十九世纪中后期至二十世纪六十年代的建筑，混合了中西式建筑风格。——编者注

目的地是二楼的一个单位。

“坚 Sir。”重案组总督察王至坚抵达时，法医麦医生已经在场，麦医生和他打招呼并向他作了一个简单的汇报：“死者是一名女性，约三十岁。死亡时间是晚上七时至八时，即大概两个小时前。凶器是一把水果刀。死者身中十三刀，其中致命的是刺中心脏的最后一刀。水果刀仍然插在死者胸前，但刀上的指纹已被抹掉。女死者死前曾与人性交，同事正在采精液样本。”

王至坚点了点头。他四处张望了一下，房间很小，只放了一张床和一个浴缸。灯光偏暗，一盏紫色的小灯仍然亮着，很明显是“一楼一凤”[1]的格局。他望向躺在地上的尸体，双手合十了一下，随后弯身察看。女死者身穿一件白色的长T恤，头发微湿，看来是刚刚洗了头。T恤有点透视，看得见里面的情趣内衣。长T恤遮着的下身，只有一条内裤。

“坚 Sir，报警的是这位男士。”老警察达叔带了一位男士过来。王至坚有点惊讶，此人只有

---

① 中国香港法例规定，有场所超过二人卖淫即被视为卖淫场所。为逃避法律责任，一些人弄成了“一楼一凤”。——编者注

二十来岁，相貌端正，竟然出现在这种地方。

“阿 Sir 你好。”年轻男子向王至坚微微点头，把他知道的说了出来，“我来这里……按摩的，预约了晚上八点半，我大约八点四十分到达，见到房门虚掩，推门进来，就见到她……躺在那里。之后我就报警了。”

王至坚觉得他有点可笑，明明是找性服务，却说成按摩。王至坚又问了他几个问题，认为他没有可疑之处，就请其他同事带他回警察局再提供一份详细的口供。

“坚 Sir，大厦没有监控设备，但街边的路口有监控，希望可以追踪到疑犯。”女同事美莎汇报。

王至坚点点头。这个案件，他要查个水落石出。

会议：狂撞犯人栏的疑凶

2011 年 3 月 4 日　小榄精神病治疗中心会议室

“凤姐[①]谋杀案很恐怖，死者身中十三刀啊！”会议室内，我们正在等法医精神科主管 Gary 来主持例会，比我早两年入职的精神科专科医生 Vicky

① 香港人对从事性服务女子的别称。——编者注

谈到近两日最抢眼的新闻。

“警方很厉害，不出一天就找出了疑凶。”正接受高级培训的Howard医生也留意了这宗谋杀案的寻凶过程，“重案组荷枪实弹来到凶手寓所门外，凶手却在午睡，这一点实在太搞笑了吧。”

Vicky也笑了，说：“凶手可能想不到警方如此高效，以为抹去刀上的指纹就没人能发现他的罪证。”

“凶手虽然抹去了刀上的指纹，但在死者体内留下了精液，床上也有他的毛发，最重要的是，街道上的监控器拍摄到，在死者身亡的那个时段，只有他一人进出过大厦。这真是天网恢恢。”Howard如数家珍般地讲述案情。

“为什么不把刀拔出来？”实习生Celia也参与讨论了。

“估计是拔不出来吧。”Howard臆测，不能作准。

“抹去指纹，可能是因为凶手看电视看得太多了。其实法医有很多方法让犯人无所遁形，怎么会只靠指纹去确认一个人的身份？”Vicky一边说，一边整理桌上的文件。

这时候，主管Gary终于出现。一向不迟到的他竟然迟到，一定有特别的原因。

“你们在讨论什么？凤姐谋杀案？”Gary 刚坐下，就猜中了，让人怀疑他根本就是在门外偷听。

“Gary 真的是料事如神。”Howard 笑说。“不是我料事如神，是你们预知未来。”Gary 拿出一沓文件，大家脸上的笑容瞬间消失。

“不是吧！”Howard 说。

“就是。”Gary 说，“这个叫谢天逊的疑犯，刚刚被送到小榄了。”

“为什么？他在庭上做了什么？”Howard 用带点惊讶的口吻问。但其实我们都知道，被送来小榄的犯人，一般都是在庭上做了些什么。

“他在犯人栏大叫‘法官大人，我不认罪’，情绪十分激动，然后把头撞向犯人栏，撞了三下。于是，法官让他先来小榄，并要求我们为他撰写精神报告。”Gary 说着，摊开了双手。

“谁负责？”Vicky 问。

“刚才你们讨论时，有没有人没有出过声？”

“Robyn。”他们三人回答，并望向我。我是精神科专科医生 Robyn，刚才我正为手上的案件烦恼，因而没有插嘴。

“那就由你负责吧。”Gary 把档案掷到我面前。

问诊：一个身体中住了两个人？

2011 年 3 月 5 日　小榄精神病治疗中心问诊室

早上，在小榄的问诊室，疑犯谢天逊就坐在我和实习生 Celia 面前。他身材高大，有肌肉，皮肤被晒得红红的，像是在工地之类的地方工作。

“请你介绍一下自己。”我说。

“嗯，请问，如何介绍？”谢天逊抓抓头。

“就从名字开始，家庭、学业、工作情况，等等，把你的背景资料告诉我。”

“明白。”谢天逊正襟危坐，有点紧张，咳嗽了一声才说，“我叫谢天逊，今年三十二岁，在银行做分行经理。父母都健在，有……两个妹妹。她们跟父母一起住，我三年前搬了出来。之前有一个同居女朋友，但两年前分手了。我中学时就读于皇仁书院，成绩很好，老师很喜欢我，年年我都做班长。中六毕业之后，我到澳大利亚堪培拉读大学，主修英国文学，我十分喜欢莎士比亚的作品。大学毕业之后我原本想在澳大利亚定居，但考虑到父母年迈，我想多花点时间陪在他们身边，就决定回香港发展。找工作很困难啊，我主修英国文学，又不想当老师，就在恒生银行找了一份工作，由柜员做起，因为做得出色，短短五年就成了分行经理。”

“好。”我望着手上的资料点了点头，然后换了个话题，“谈谈你的性经验。”

“为什么要谈性经验？”谢天逊又抓了抓头皮，问道。

“你牵涉一宗风化案，我们必须掌握这些资料。”我正眼望着他。

“我没有犯案。那天我不在场。”谢天逊摇头说，“那天晚上，我约了一位网友见面，在尖沙咀吃火锅。他是我的证人，你可以找他问问。还有火锅店的经理，那天我点菜后，他漏掉了我最喜欢的午餐肉，所以他应该记得我。”

“明白，我明白。”我向他点了点头，“我们不是来判定你有没有罪的。但你可以告诉我，你的初恋在哪一年吗？”

“好吧。我十五岁时就跟同班同学拍拖了，拍拖了一年左右分手……她父亲不喜欢我。我成绩好，勤奋上进，为什么不喜欢我呢？就只因我们是中学生？总之，她选择听她父亲的，跟我分手。我没有跟她发生过关系。我的第一次……是跟第二个女朋友，在澳大利亚，她是个外国女生，我们在她的宿舍……她的室友常常不在，所以我们经常窝在一起。之后我要回香港，就主动提出分手。第三个女朋友就是之前说的同居女友，也是目前为止最后一个女朋友，是银行同事。”

“有没有找过性服务？”

“当然没有。我跟前女友有性生活，我们都是成年人了。而这两年没有女朋友，我会……自己解决。”

“Robyn，他说的话跟我们手上的资料完全不一样啊。”谢天逊离开问诊室后，Celia 立即跟我说。

“对，他可能有多重人格。”我一边说，一边整理手上的笔记，“一个人的身体里面，住了两个甚至超过两个人。犯罪的是其中一个，但不是刚才出现的那一个。”

“我们下一步应该怎样做？”Celia 问。

“先约见他的家人，听听他们会说什么。”而谢天逊则继续留在小榄。由于他有自残倾向，我们让他住单人房。小榄精神病治疗中心的病人一般住多人房，但如果病人有自杀或伤害他人的可能，我们都会为其安排单人房。单人房有监控设备全程监控，完全没有死角，房间内只有枕头和被子，以及一个厕所。墙壁和地面都被厚垫子包裹，病人即使撞墙，也不会有生命危险。据医护人员说，谢天逊来到小榄之后，一整天都把被子盖在头上，除了如厕外，没人知道他在被子下干什么。

线索：把谎话说得像真话的人

2011 年 3 月 7 日　小榄精神病治疗中心问诊室

谢天逊来到小榄的第三天，我们请他的父母和妹妹过来。原来他只有一个妹妹。

“皇仁？不要败坏别人学校的名声。他连皇仁书院的大门都没进过。”说话的是谢天逊的爸爸，“小学他读的是普通的屋村[①]小学，中学倒是出名，是学生打架斗殴的‘名校’。但他身材高大，没有同学敢跟他打架，所以顺利毕业。成绩当然差，但这所学校不计较成绩的。”

“他曾在澳大利亚留学吗？”我问。

“留学澳大利亚？澳门倒是去过。”谢爸爸摇

---

① 特指公房，为我国粤语地区尤其是香港、澳门一带对政府提供的公益性廉租房的称呼。——编者注

摇头，又气愤地盘起双手。

“天逊毕业之后一直做散工，但没有一份工作做得长，直到三年前做了速递公司的员工，算是稳定下来了。”谢妈妈说，“他说他已搬到外边住？他一直跟我们住啊，有时会在一个中学同学家借宿。那人是一个社会小混混儿，他跟那些坏人有没有关系我可不知道。”

“哥哥有时会带女朋友回家，但只进他自己的房间，没给我们介绍。”谢天逊的妹妹说，“也不知道那些算不算女朋友，从来都没有一个稳定的。”

“唉，这个不肖子。”谢爸爸叹了一口气说，“他就是油嘴滑舌，才得到那么多女孩子的欢心吧。每个女人都很容易相信他，他把谎话说得像真话一样。”

“不要这样说自己的儿子，天逊不是这样的人。”谢妈妈说。

“只有你才会信他。”谢爸爸气得似乎想打人，但又忍了下来，“你还记得他说要留学，你给了他三万元生活费吗？他留学留到哪里去了？”

“对，哥哥常常撒谎，他有一次说朋友住院，没钱交医药费，问我借了五千元，最后被我发现他去赌马了，到现在也没有还钱。”妹妹说。听完他们的对话，我若有所思。

问诊：第二个人格现身

2011 年 3 月 11 日　小榄精神病治疗中心问诊室

谢天逊来到小榄的第八天，我再次对他进行问诊。开场白令我有点惊讶。

“何医生，你好。终于有医生来见我了。”

“我们不是几天前才见过面吗？”

“哪有？”谢天逊一脸无辜状。

如果他有多重人格，就会发生一个人格不知道另一个人格在做什么的情况，他不认识我，也是说得通的。

“请你介绍一下自己。”

“如何介绍？”

“就从名字开始，家庭、学业、工作情况，等等，把你的背景资料告诉我。”

“明白。”谢天逊还是咳嗽了一声，说，“我叫谢天逊，今年三十二岁，父母都健在，有一个妹妹。我们一起住，我自己有一间房，但我不常回去。我有个中学同学叫张一笑，他家有一间房，让给了我住。”之后，他描述的学习生涯，跟谢爸爸描述的基本吻合，小学就读于一所屋村小学，中学到了一所比较差的学校，之后出来打工，一直打散工，直到三年前做速递员，没有出国读书的那一段。

“谈谈你的性经验吧。”

“十五岁跟同班同学拍拖，尝试过性行为，但没有成功。之后就没有女朋友了。我的第一次给了性服务人员。对，因为没有女朋友，我会找性服务，有时会去酒吧，见到合眼缘的就会发生关系，大家都有需要嘛，第二天就当不认识了。”

“案发那一天，你就是去找性服务吗？”

“对。”他点了点头，说，“那天放工，突然觉得有那方面需要。没时间到酒吧钓了，而且未必次次都能成功，找性服务最容易。我走进那幢大厦，对，那是我常去的大厦之一，那里的服务人员常常换人，我都不认得谁是谁了。总之按一按门铃，合眼缘就进去了。其实警察问时我也是这样回答的，我连那是几楼几号都不太清楚。记得她是长头发，相貌普通，最重要的是有身材。过程都是老样子，洗澡，上床，完事后放下钱就离开了。”

“警察问我有没有杀她，我说没有。离开之后，我回到家，倒头大睡，直至有警察来找，我才知道出事了。”

“两次见面，是两个不同的人格。”Celia 说。

“还不能确定。”我说，“问题是，犯案的那一个人格呢？什么时候才会出现？”

这几天，医护人员说，谢天逊仍是把头埋在被子之下。我见他没有自残的行为，想多观察他一下，于是决定让他离开单人房，跟其他病人一起住院。

“帮我多留意他。”我向医护人员叮嘱道。

问诊：不同人格轮流上场

2011 年 5 月 6 日　小榄精神病治疗中心问诊室

我向法庭报告，建议谢天逊继续留在小榄。之后，我每隔一两个星期见他一次，每次都是那个真实的他。而从皇仁毕业、在澳大利亚堪培拉大学读书的那一个，没再出现，也没其他人格出现。

直到第六次会面，“那个人”又出现了。

“医生，很久不见了。”

从他说话的态度，我知道我第一次见到的人格回来了。“你好，很久不见了。上次问诊之后，每隔一段时间都要做一点跟进的，希望你明白。”

“我明白。请问，我还要提供什么资料？”跟平常的谢天逊有点不同的是，他说话多了一点礼貌。

“先从性经验谈起。什么时候开始懂得自慰？”我每次问问题的次序都不一样。

谢天逊想了想，答道：“大约十二岁吧，不记得了。”

“什么时候开始拍拖？”

“中学的时候，跟同班同学。我们尝试过发生关系，但没有成功。”

“你上次没有说尝试过这一点。”我看着资料，追问一句。

“没有吗？”谢天逊有点慌，“我以为不重要，漏掉了。”

“然后呢？”

然后就是，首次问诊时他所说的女朋友都回来了。“第二个女朋友是在澳大利亚认识的，是同学，我常常在她的宿舍过夜，我的第一次也是跟她进行的。之后因为要回香港，就跟她分手了。回香港后我在银行结识了第三个女朋友，三年前分手，之后一直单身。

“我中学就读于皇仁书院，成绩很好，年年都做班长。中六毕业之后，我到澳大利亚墨尔本读大学，主修英国文学。毕业之后我决定回香港发展，就在汇丰银行找了一份工作，由柜员做起，短短五年就成了分行经理。

“案发那天晚上，我约了网友见面，在尖沙咀吃火锅。我没有再和网友联络了，你们没收了我的手机。但你们可以找火锅店经理问问啊。”

我点了点头，请他回去。临行前我突然问他：“你的妹妹有没有到澳大利亚读过书？”

“没有，她一直在香港。”

我留意到，他这个人格应该有两个妹妹才对。

问诊：前言不搭后语，露出马脚

2011 年 5 月 13 日　小榄精神病治疗中心问诊室

之后的一次会面，又轮到真实的那个谢天逊上场了。而曾经留学的那一位，很快就在再下一次会面中现身。

我惯常地问他家庭背景、成长背景，以及感情和性爱史，不过这次我开始反问他问题。

“你跟第三个女朋友分手多久了？第一次说两年，第二次和第三次都说三年。”

“就是……两年半嘛。我有时说三年，有时说两年，反正分了手，也没细想。”谢天逊尴尬地笑着说。

“你第一次说在恒生银行工作，但第二次和第三次却说在汇丰银行工作，究竟哪个才是正确的？”

“噢，在汇丰，汇丰。”他拍一拍额头，“第一次见面时有点紧张嘛，汇丰银行和恒生银行，人们不是常把它们混在一起吗？”

“那么，堪培拉和墨尔本应该不会搞混了吧，你第一次说去堪培拉留学，第二次和第三次却说去墨尔本。你第二任女朋友是在什么地方认识的？”

他没有作声。

我继续问：“你上次说你的妹妹没有留学，其实你第一次说你是有两个妹妹的，为什么你没有问我指的是哪一个妹妹？”

这时候，谢天逊低下头。

疑点：装疯卖傻为减刑

“原来，Robyn 第一天就知道他在撒谎装病！”Celia 差点要为我鼓掌。从问诊室走出来，还未到复盘的时候，Celia 已经问个不停。

“不是。最初我也以为他真的是人格分裂，但细想之下，开始怀疑。”我们一同走进我的办公室，Celia 在客人位上坐下来。我继续说：“如果他坚持说他在皇仁跟女同学拍拖，我仍然会有疑惑。”

“那么，你从哪些地方判断出他只是装疯卖傻呢？”

“首先，分裂出来的人格，有属于自己的生命经历，并不会跟原有的人格分享这些经历，即使是基本资料如名字、家庭成员，都会不一样。如果他说‘我是张翠山，是武当七侠之一’，那反而可能是真的人格分裂。”我随口想的例子，因为谢天逊的名字，总让我想起金毛狮王。

“就和有些人自称被外星人附身，或者从未来世界乘时光机回来的例子一样？”

“只要他们还有原本的人格，就有可能是人格分裂，当然不能一概而论。”我笑着说，“总之，他仍然自称谢天逊，就有可能不是人格分裂。”Celia 点了点头。

“如果不是真的病了，就是装病了，那当然是为减轻刑责（Diminished Responsibility）。一般而言，被控谋杀的犯人，如果被证实在行凶时患有精神病，谋杀罪就会被改为误杀罪，犯人就不用在监狱服刑，而是来到小榄。我们每两年会有一次会议，判断病人是否康复，决定其是否可以离开（详细情况见我另一本书《犯罪心理 X 档案：法医精神科医生真实办案手记》的档案 2）。相信这是他打的如意算盘，一来不用被监禁，他觉得医院环境比监狱好（但其实小榄是监狱级医院）；二来谋杀罪变成误杀罪，还有机会出狱。”

“但敌不过你这位法医大侦探。”Celia 投来佩服的目光。

“那也不能这样说。谎话只能欺骗相信他的人，很难欺骗会做笔录的我。根据我掌握的资料，他第一次明明说的是恒生银行和堪培拉，再说时却变成了汇丰银行和墨尔本；先前明明说有两个妹妹，后来又变成一个妹妹，他没时间用纸笔写下谎言，只凭脑袋创作和强记，能连续两三次说出差不多一样的故事，已经很了不起了。可是，谎言就是谎言，总会被拆穿。而最重要的是，他只在我面前撒谎。”

“那是什么意思？”Celia 不解。

“小榄的单人房有二十四小时监控，他那个时候整天都埋头在被窝中。等我请他回到大房，跟其他病人相处，他就无所遁形了。那个到澳大利亚读书的谢天逊，只在问诊室出现，一离开问诊室就消失得无影无踪了。在小榄多人房的二十四小时，他就是那个正常的谢天逊，离开单人房他就松懈了，尤其是没有医护人员在他视线范围内的时候。其实，我已经请医护人员每天观察他。不，即使我不说，这里的每个医护人员都需要时刻留意病人，因为这是他们的工作。”

“那么，如果他在半年内一直装疯，无论有没有医护人员在场，每一刻都卖傻，就可以骗到你了！”Celia 笑说。

“如果他真的可以这样，也许有机会骗过全世界。但装疯半年，我怕他真的会变疯啊！”我们都哈哈大笑。

无论他有病还是没病，我都要向法庭提交法医精神科报告，报告中我这样写：“经过多次问诊，以及小榄医护人员二十四小时的观察，得出的结论是谢天逊并没有患上任何精神病。”

最后谢天逊谋杀罪名成立，被判处终身监禁。

裁决：谋杀罪名成立

“坚 Sir，破案真的全靠你！”警察局内，女警美莎把一杯热奶茶放到王至坚的桌子上，“水果刀上没有指纹，但刀鞘上有谢天逊的指纹。”

“是有点运气。因为我也用同一款水果刀，这款水果刀是有刀鞘的。达叔才厉害，抬起那张床，在床底下找到了刀鞘。”王至坚把那杯奶茶放到达叔的桌子上。

“谢天逊一直没有承认见过和用过那把刀，那么刀鞘上为什么会有他的指纹？他自己都解释不了，就是在装疯卖傻。”达叔把奶茶一饮而尽，只见美莎露出些许不悦的神色。

“小榄都说他没有病，关了半年就把他送回牢房了，那时候我就知道，正义一定会得到伸张：谢天逊谋杀罪名成立！”王至坚说。

“只是他在法庭上一直否认他杀害了死者，所以没有人知道这一起谋杀案的真正原因是钱还是感情。”美莎不由得思考可能的杀人动机。

“真相也许只有谢天逊一个人知道了。”王至坚摇摇头说。

如何判断一个人是否患上精神病？

精神科用什么方法去判断一个人是否患上了

精神病呢？其实就跟普通医生看病一样，我们也是用问诊的方法与病人接触，通过观察确认病情。有时不会只见一次病人，如果觉得病人的症状未能达到判断标准，我们会多次问诊直到确认症状，或确定病人没有患病为止。我们也会见病人的家人、朋友，病人提供的资料，我们也会核实，多方面去判断病人说的话。如果病人住在精神病房，我们会让护士观察他的日常生活和行为。我们受过专业的训练，知道什么病有什么症状。这一点跟一般的医生也是一样的。

双重人格 / 多重人格

多重人格，学名是分离性身份障碍（Dissociative Identity Disorder，DID），是一种非常罕见的精神疾病，意思是一个人具有超过一个人格，如果只有两个人格，就被称为“双重人格”。多重人格患者的每一个人格都是发展完整的，都拥有独立的思考模式和记忆，分裂出的人格可以是不同性别、年龄、种族，甚至物种。它们会轮流出现，并控制患者的行为。这些人格，有些会知道彼此的存在，称为并存意识（co-consciousness）；有些并不知道，其中的人格会“断片儿”，医学上称为“遗失时间”现象。并存意识的人格相处较好的话，可以进行内部沟通，即心灵层面的对话；也可以进行外部会议，就像自言自语一样。在医学上，关于多重人格的成因仍然众说纷纭。有理论认为多重人格的形成与童年创伤相关，国际上的新研究认为，其是人在七岁以前受到过大冲击或反复遭受身体虐待、情绪虐待，以及遭遇强大的压力事件的结果，甚至源自婴儿期开始的混乱型依附行为（Disorganized Attachment）。多重人格的治疗，需要很长的时间。治疗人员主要是在多重人格中找出一个熟悉所有人格的内在人格，让它成为核心人格，然后找出性格上相似的人格进行整合，逐步削减人格数量，最终将多个人格合而为一。

2

档案

裙底才是“舒适区”？——医生也疯狂

你可曾想过，我们与性犯罪有多远的距离？可能比你想象的近。实施性犯罪的人，平时的感情生活可能再正常不过，但其却因一时受挫，要面对让人喘不过气的压力而苦于无处排解、急于逃避，最终跨越了理智与法律的底线。

案件：医生变偷拍狂

2008 年 4 月　铜锣湾某诊所

每个工作日的早上，中医医生林天一都从家步行到诊所，路程约二十分钟。

林天一把新买的相机放到侧背包的底部，按下拍摄按钮。这样的偷拍已经是习以为常的事了，虽然不是每一天都会做，但他已经驾轻就熟。前面走着三个穿着旗袍校服的女学生，左边的那个梳着小丸子齐刘海的发型，煞是可爱；中间的那个染了金发，怎么中学生也可以染金发？右边的那个较瘦小，感觉吃肉不多。林天一慢慢走到她们后面，从右边拍到左边，再从左边拍到右边，他特别喜欢中间那个个子高挑一点的金发少女，她穿的校服比较紧身，可以清楚看见臀部的线条，但那个梳着小丸子齐刘海发型的女学生好像有点怀疑，不时望过来，他没有跟到校门口，就离开了。

就在找寻下一个目标之际，一个穿着枣红色短裙的女士从身边经过，这种枣红色很少有人穿，他想让镜头中多一点这个颜色，于是跟在她身后。可是到了下个街口，短裙女士就走进一幢大厦。拍了四个人，林天一觉得意犹未尽，但他还是知道要按时在诊所出现。回到诊所后，他仍然是那位专业的林医生。他不会对病人有非分之想，只要踏进诊所，什么偷拍都会抛诸脑后。即使是上午拍下来的，他都不会急着立即拿出来观看，也实在没有这个时间。

可是到了午餐时间，他色心又起。吃个快餐，他又在街上“狩猎”。诊所附近都是学校，学生比较多，林天一想拍点别的，所以搭的士到了中环，看吃午饭的 OL[①]。他看上了一个身材高挑、穿行政套装的女士，她看起来也是刚吃完饭在散步，于是他走到她身后偷拍；然后，一个非常瘦小的卷发少女出现在身边，他又转而跟着这个少女。他一直都是这样，见到一个，拍一阵子，然后再换个对象，这样看起来不像跟拍，所以没多少人会发现。

他正打算离开，但看了一眼远处的一个电梯，又改变了主意，因为有一个穿短裙的女子踏上了电梯。他尾随着她，把侧背包对着她身后。电梯并不长，到达天桥之后，女子往左转，他很自然地往右转，此时却有一个男人飞扑过来抓他，他自然地避开，然后逃跑。他不知道发生了什么事，是被点错相[②]了？

“警察！停下来！”那个人一边跑，一边喊。

“警察？”林天一心想，“究竟发生什么事了？”犹豫之下，他放慢了脚步，那个警察扑过来，

① Office Lady，指穿着打扮入时，具备一定办事能力，美丽与智慧兼备的办公室女性文职人员。——编者注

② 粤语，认错人。——编者注

同一时间有两三个热心市民帮助，把他按倒在地。

原来，那真的是便衣警察。便衣警察留意了林天一好长一段时间，待他走上电梯拍裙底之后，就立即上前拘捕他。

在林天一侧背包内的相机中，警察找到了他拍摄的裙底的照片。他被控“游荡（Loitering Causing Concern）”“公共场所行为不检”和“拒捕”。

线索：街坊称颂的中医医生

2008年4月　铜锣湾

“林医生犯案？不可能。他是最有医德的中医。”诊所门外的陈师奶[①]对记者这样说。

“他整个人站出来就等于‘好人’两个字，怎会犯这样的事？”站在陈师奶旁边的张大叔附和。

镜头一转，到了一所中学门外，接受采访的是该校校长，他说：“林天一在学校每年都拿操行奖，如果用一个字去形容他，就是‘乖’。”

今天，报纸头条是年轻医生犯了偷拍案，记

① 粤语中对已婚女性的称呼，“太太”的俗称。老一辈街坊之间会以“师奶”等称谓代替“太太”。——编者注

者追访他的病人、老师，却发现人人对他的评价都十分正面，没有人相信二十九岁的年轻中医医生林天一会是一个偷拍案的疑犯。

问诊：正人君子为何失态？

2008 年 11 月　小榄精神病治疗中心问诊室

“我可以去洗手间吗？”问诊期间，林天一提出这个要求，于是我决定休息十分钟。

房间里剩下我跟实习生 Celia。

“你刚才问他关于感情生活的问题，问得很仔细啊。”Celia 说。

“因为是风化案，所以需要问病人的‘性史’（Sexual History），性离不开感情，所以要先了解他的感情生活，有多少个女朋友、多少个性伴侣。私人一点的，有没有自慰，有没有特别的性癖好，有没有找性服务，喜欢男人还是女人，有没有性功能障碍，等等，这些我们都要知道。”

根据林天一刚才的自白，他是异性恋者，初恋发生在中五那一年，第一次性经验也是这时候有的，但他们一年后分手了。到大学后，林天一认识了现任女朋友，毕业后二人开始同居。性生活正常，没有特殊癖好，没有其他性伴侣，没有找过性服务，但有时会看色情片，多数是上网看的，他喜欢看美女，有时候自己看，有时和女朋友一起看。

“看林天一的性史，没什么特别，很正常啊。”

“‘没什么特别，很正常’，这本身就是一条很重要的资料。风化案的原因未必跟性癖好有关，我们要把它找出来。”

的确，林天一的成长经历似乎很正常，他一直成长在温暖和幸福的家庭中。父亲是医生，母亲是护士，他是家中独子，从小的志愿是做中医医生，因为跟父母同一行业，但又不会直接跟他们比较，这是很聪明的想法。林天一从小就很乖巧，除了父母，也深得师长和同学的喜欢，成绩总是班级前五。

毕业之后，林天一跟几个同学合伙办了一间中医诊所，在区内很受欢迎，他自己更是当中的明星级医生，甚至有病人专程搭一个小时巴士来找他治病。但他并没有停下脚步，而是正在修读更高级的专业课程充实自己。

他不吸烟不喝酒，不嫖不赌，没有任何犯罪记录，身体也很健康。工作顺利，没有超出人体负荷的压力。可是，林天一的常态，这美好的一切，却被 2007 年 2 月的一个电话逆转。

十分钟的休息时间过去了，林天一回到问诊室。他愁眉深锁，精神不振，谁能想到一年前，他还是一个被街坊称颂的中医医生？

“刚才说到，医院打来一个电话，对吗？你可以继续了。”

“好。”林天一坐直身子，缓缓地说，“那天我接到医院来电，说妈妈被货车撞倒了，陷入昏迷，正在医院急救。我立即赶到医院了解情况。经过医护人员的抢救，妈妈在四天之后清醒过来，住了三个多月的院。

“可是，她出院后才是问题的开始。这次被撞留下了很多后遗症，她的腿骨被撞断了，需要坐轮椅，而被撞后因为头部着地昏迷了四天，她的记忆力严重减退，有时会忘了去街上的路，最危险的是去烧水但忘了关火。

“爸爸在 2006 年去世，因为癌症。妈妈出事时五十七岁，出事后没法继续当护士了。她一直一个人住，但她那个情况，根本不能自理。她出院之后，我就搬回家照顾她。原本只打算搬回去住几个星期，到她双腿康复为止，怎料她完全不能照顾自己。我请了佣人，但发现要搬走已经很难了，因为妈妈很依赖我，爸爸死后，她就没有依靠了。

“女朋友起初没说什么，但后来什么都没得说了。有一天，我回到跟她同住的家，发现她把所有东西都清走了，我根本没时间陪伴她，才让其他人乘虚而入。她留下了一封信，说我没有做错，只是在这段时间，她喜欢上了别人……”说到这里，林天一哭了。Celia 把纸巾递给他，问诊又暂停了一阵子。

线索：找到隐蔽的“舒适区”

2007 年 1 月　林天一母亲家

“晚安。”林天一跟佣人把林妈妈从轮椅上抱起来，再平放到床上。花了一番功夫，才能让林妈妈安睡。接下来，他回到自己的房间，关上房门。

房间的电脑仍然亮着，已经是晚上十一点。林天一回想一天到晚的工作，来诊所看病的人很多，同一时间还有其他行政事务要办；做了三个月不到的护士又辞职了，明天还要安排几个面试；他想请一些上了年纪的，感觉她们会稳定一些，不会随便离职。回到家又要照顾妈妈，有时要陪她看电视，陪她谈天，一直到晚上十一点她才愿睡觉。接下来的时间才是他自己的，但也不是自由的，因为要准备下星期的专科课程测验，但他要自己一点前就去睡觉。

大约读到晚上十二点半，林天一也觉得累了。但他不想睡觉，就在网上“闲逛”。他想起前女友，去年今天，这个时间他俩应该都已倒在床上了。回忆着跟她的种种，他突然记起有一部片子是他们都很喜欢的，叫什么名字来着？他在网上搜寻，却遍寻不获。但在搜寻的过程中，他找到了一个“有趣”的论坛。

他点了进去，只见一个栏目的讨论区，便又点了下去。明明有人上传了照片，为什么看不到？他花了一段时间才搞清楚，这是一个需要付费注册会员的网站，如果想看照片，就要付款。他犹豫了半晌，毕竟付费让人却步，但有一些栏目令他十分好奇。他很想知道那是什么照片，于是拿出信用卡，输入自己的卡号。

“互联网很麻烦啊。”林天一笑着自言自语，花了一番功夫，才确认了账号。

退出，又登入……终于，照片显示出来了。

一个讨论区里果然有路人的照片，都是在当事人不知道的情况下拍摄的。林天一很喜欢这些照片，平时他在电视和电脑中见到的明星和模特，都是特意打扮去吸引人的，但在这个讨论区看见的路人的照片，比任何明星的都自然，像是在街上匆匆一瞥，却被摄影机捕捉到擦肩而过的那一刹那。接下来，他进入其他讨论区，里面都是在街头拍摄的女子的照片，只是聚焦在身体不同部位。

林天一觉得很有趣，自此每隔三五天就会浏览这个网站一次。他留意到有裙底偷拍的栏目，也点击进去看过，他看得最多，令他感到性兴奋的，是其中一个栏目；里面都是女性臀部的照片，照片中有穿牛仔裤的，有穿长裙的，林天一最喜欢看的，是穿窄身裙和连身裙的女生的照片，他几乎每次都靠这些照片解决性需要。

问诊：不认不认还须认

2008年11月　小榄精神病治疗中心问诊室

“上网看就够了，为什么要偷拍呢？”

“我喜欢摄影，虽然不是很专业，但也有一点心得。一路看着这些照片，也渐渐有了自己拍摄的念头。”林天一苦笑着。

“偷拍了什么？”

“我喜欢看女士的背影。”也许自觉说得太“好听”了，于是他补充道，“我喜欢看‘屁股’，尤其是女生身着窄身裙和连身裙时所展现出来的曲线。我会拿着相机跟在她们身后拍摄，有时拍照片，有时拍视频，扭动的臀部更好看。但手拿着相机，会引人注目，后来我买了一部小相机，放在侧背包旁一个网格里，开了录像按钮，就可以沿路拍摄，也不用一直尾随一个女人。如果被人抓到了，也可以说只是想拍摄香港的景色……”

“这样的偷拍，你以为不违法？”

“不是偷拍裙底才违法吗？我只是偷拍背影，又没有拍她们暴露的样子，更没有碰她们，应该没有问题吧。”其实，香港地区对肖像权的保护不完善，在公共场所拍摄并不犯法。但如果只聚焦身体某个部位，或含猥亵成分，拍摄者则可能违法。

林天一说自己没有违法的想法，并不对。但当下并非澄清的时候，我倒有另一个问题想问他：“但你的确拍到了裙底啊。”

他一直强调自己没偷拍裙底，但警察当时是人赃并获的，在他的相册里确实找到了偷拍裙底的照片。“我真的不知道自己为什么会做这种事。当时压力很大，爸爸死了，妈妈病了，女朋友也走了，没有人能倾诉。”林天一说，“偷拍很令人兴奋，至少能够让我脱离现实。在那一刻，我很快乐。”

“偷拍后想做什么？放到网上？”

“没有，我没有分享的想法。一直都只是自己看，然后就把拍摄到的东西删除了。”

“那么，除了被捕的这一次，你有没有偷拍裙底的行为？”

“没有，没有。今年 3 月是我第一次偷拍裙底，原因是……想试用新相机。”

我看看他，再看看魏医生给我的资料，脑海里出现问号。

案发之后，中医诊所立即给林天一放年假，经商讨过后，认为他仍可上班，不过需要一份精神科医生的评估。于是，林天一找到魏医生为他出具评估报告。后来，法庭需要我们法医精神科团队为林天一出具评估报告，于是魏医生的报告交到我们手上做参考。（补充一点，如果辩方律师也想为林天一出具评估报告，是不能用魏医生那一份的，因为其二人关系密切。而且医生在治疗过程中，恐怕会对病人有主观印象，所以治疗病人的医生和写法庭报告的精神科医生，不能是同一人。）

“你认识魏医生，对吗？”

“对，他是我的中学同学，也是我的医生。”林天一想了想，然后说，“他说我有精神病，什么障碍症之类，要我吃药。我怎么会有精神病？我最初不愿意吃药，不想被打上有精神病的标签，我的行为变态就算了，我还有精神病……”说到这里，他又沮丧起来。

“但之后你也吃药了。”

“对，魏医生说，如果不吃药，他很难替我写报告，让我继续中医的工作。”

林天一似乎并不承认自己患了病。

之后，大家沉默了一会儿，林天一主动说：“因为上了新闻，瞒不了妈妈，瞒不了同事和病人，前女友也打电话来，我不敢接。这件事令我感到羞耻，我也不知道为什么会这样。虽然诊所让我回去工作，病人也愿意继续信任我，但我实在无法专注于工作了。上星期有个考试，我完全不知道自己写了什么，但幸好合格了。”

会议：疑犯口供跟医生报告大不同

林天一离开之后，我跟Celia留在问诊室讨论他的病情。

“他的口供，跟魏医生的报告不一样。”我说。

“魏医生的报告跟他刚才给出的答案完全是两回事。”Celia也发现了，她说，“他跟魏医生说，从2007年3月起，他就开始偷拍裙底了，这是看论坛的两个月后，也就是他亲自上阵拍摄的第二个星期。魏医生的报告十分详细，他说林天一每一次偷拍裙底都觉得特别兴奋，所以除了拍背影，只要遇上合适的对象，都会尝试拍裙底。

“而且，他曾在魏医生那儿说，知道自己这样做是错的，但面对我们时却说之前从没有偷拍过裙底。

“这是什么原因？”

“聪明的你可以想象一下。”我笑说，“事实是，警察找不到他在其他地方偷拍的证据，而他的母亲、前女友又根本不知道他偷拍的事。他用来偷拍的相机，的确是刚买的，但他有没有另一部相机，就不得而知了。所以，他没有必要让案情变得严重。”Celia 若有所思。

裁决：感化[1]十八个月，停牌[2]半个月

根据魏医生的诊断，林天一患有其他习惯与冲动障碍（Other Habit and Impulse Disorders），而我给法庭出具的有关林天一的精神病报告，也是相同的结论。不过，我在报告中加上了一点：林天一背负了超乎寻常的压力，但他在案发前没有看医生，不知道当时有没有精神病的症状，以及症状是否明显；不过，他的偷拍行为确实不符合他平日的性格。我亦约见了他的几位同事、病人，人人都说林天一平日为人正派，不是那种色眯眯的人，所以我相信他偷拍是因为采用了一种错误的方式去处理压力。

最后，林天一被控公共场所行为不检，不用坐牢；被判感化十八个月，其间，必须见心理专家。医管局要他停牌半个月，停业一年，但可继续持有中医执照。

---

① 中国香港的惩罚措施，其基本目的是让犯人有改过自新的机会。——编者注
② 中国香港的惩罚措施。——编者注

后记：再见亦是医生

2013年8月

五年后，在很偶然的机会下，我见过林天一一次。

有一年，我患了咳嗽，半年都未痊愈，有朋友介绍给我一位中医，说他医术高超。

我去看那位中医时，他跟我说："很久不见了，何医生。"那时候，我真的完全忘了他是谁，直到他说起此案，我才记起来。

也难怪认不出来，眼前的林天一神采飞扬，胖了两个码。原来他被法庭判罪之后，魏医生主动联络他，告诉他一定要服药。魏医生说："痊愈了，才不是精神病人。"这句话终于打动了他。另外，因为停牌，他多了些时间可以好好照顾妈妈，妈妈也康复了，头脑变得清醒；虽然要用拐杖走路，但至少能照顾自己。

而他跟新请来的护士结下姻缘，结了婚，生了一儿一女，搬进一间大房子，跟妈妈同住。妈妈含饴弄孙，妻子与妈妈也相处融洽。

而这次的诊金，他还给我打了五折，让我有

点不好意思。不过他真的医术高超，我久咳不愈的病，一星期后就康复了。

“其他习惯与冲动障碍”的症状

“其他习惯与冲动障碍”是“习惯与冲动控制障碍”的一种。病人会不停地进行同一个行为，这个行为没有特别的动机，但会伤害到病人自己或其他人的利益。病人觉得，他们做出这些行为是一时冲动，但他们控制不了这些冲动。到现在，我们都不知道为什么人会有这样的情况出现。

林天一医生的偷拍行为，属于“其他习惯与冲动障碍”。“习惯与冲动障碍”包括病态赌钱行为，即病人知道赌钱会影响他们的社交、跟家人的关系等，但即使知道这样做是不对的，他们仍不能停止病态赌钱行为，甚至会为了赌钱而坑蒙拐骗；有的病人有偷窃行为，他们并不需要偷回来的物品，只是想获得偷窃带来的快感，即使知道问题所在，也不能控制自己。（详情可见《犯罪心理 X 档案：法医精神科医生真实办案手记》中的档案 1）

分辨不同压力，对症下药

缓解压力有很多方法，为什么有些有效，有些无效？其实首先要看承受的是怎样的压力。不同的压力要用不同方法去缓解，要对症下药。

第一种是“突如其来的压力”，例如学生的突击测验，上班族的突然开会兼要作报告，把人吓得双手颤抖、心跳加速，令人非常紧张。这种超负荷的感觉，就是这一类型的压力。

遇上“突如其来的压力”，可以深呼吸。我们称之为“呼吸练习”，也有进阶版——渐进式肌肉放松练习（Progressive Muscle Relaxation Exercises），深呼吸的同时，绷紧和放松身体不同部位的肌肉，脸部、手部、脚部分别依次进行。我建议日常可以做一个简单版的：随着呼吸，握紧和放松双拳，多做几组，达到宁静心神之效。

第二种是“长久的压力”，这类压力是持续的，日复一日。如高才生要维持高分数好成绩，成年人要在职场上保持高竞争力，长期下来也会令人透不过气、影响健康，小则引发肠胃病，大则引发心脏病、焦虑症、抑郁症。长久的压力，到了临界点或触发点，会令人崩溃，让人觉得完全控制不了自己的生活，可能真的患上精神病。

释放长久的压力，要从日常生活做起。无论多忙，每星期都要抽时间做运动；饮食要定时，不要太饱或太饿；要有私人活动时间，也要有跟亲友、伴侣在一起的时间。亦可试试冥想，有研究显示，冥想对缓解压力非常有帮助。

第三种是情绪压力（Emotional Stress），这类压力是日常会碰到的，如失恋、挚爱亲朋离世等，令情绪出现较大的变化，无论是身体还是精神上都感到压力。较常见的缓解情绪压力的方法有写日记、找朋友倾诉等。现在流行的正念疗法（Mindfulness Therapies），也对缓解情绪压力有帮助。“正念疗法”专注于当下的内心观察，不带批判地去感受，没有杂念地去感受每一刻。其中有“正念聆听”，就是将注意力集中在听觉，聆听背景声音，同时留心观察自己的内心。还有“盲眼食物静观”，即拿着一样食物，透过四感（没有视觉）——手指的触觉、鼻子的嗅觉、耳朵的听觉、舌头的味觉，来感受食物的特性、特色，最后猜出它是什么。

以下几种处理压力的方式，十分重要。

第一，千万谨记：人生中，总有些东西不在你的控制之中。无论你是多么的天资聪颖，多么的勤奋，事情也未必会如你所愿。

第二，懂得说不，别做“Yesman”[①]。人与人之间，你没有欠人的，人也没有欠你的，赚一份工钱不代表要把命赔上，当自己真的不可以时，一定要说不。不懂说不，让压力无止境地增加，有可能患上精神病。

第三，懂得控制时间，平衡生活和工作。除了工作，你还有家人、朋友和爱侣；除了爱侣，你还有工作、家人和朋友。而最重要的是，你要有自己。

第四，不要觉得找人帮忙是羞耻的，不要因为觉得自己一个人做不来就放弃。有困难找朋友、有病找医生，都是必要的。切记不要认为疾病会自愈，更不要认为饮酒吸毒可以解决问题。

健康的心态，是处理压力的最好武器。

---

① 一般指唯唯诺诺的人，网络上理解为“好好先生”。——编者注

3

档案

异装癖、偷窥癖的阴影人生

身为男儿身，却有女儿心，当一个男性认定自己是女性，穿上裙子、戴上胸罩，走在街上，想去方便时，应该去女厕还是男厕？异装癖，是病，还是嗜好？

案件：男身女服，厕所偷窥

2007年至2009年　商场女厕

“唉！”下班之后，家雄叹息一声。经理，听起来是一个很好的职位，但任何职位只要有一个只管骂人不管生产的上司，都不是一份容易做的工作。他拿着一袋女装，知道快乐只能从这里寻找。晚上十点，夜幕没有让繁华的都市静下来，唯有小公园内的公厕，是家雄的“旋转门”。

从男装到女装，等于从不快乐走向快乐。是啊，只要穿上女装，家雄便能开心起来。他走在街上，有时走进百货公司，售货员的一句“小姐，有什么可以帮你”就会令他感到兴奋。可是，这种兴奋并不持久；他想要多一点的刺激，总不能天天都去找性服务吧。突然，他的目光定格在商场内的女厕。

他慢慢地朝那个方向前进，他知道自己要表现得自然些，既然刚才的女售货员都认不出自己是男的，那他就应该对自己的女装打扮有信心。他正准备进去的时候，一位女士从女厕走出来，好像瞄了他一眼，但没半丝疑惑，也没认真打量他。家雄想着想着，已经走进了女厕，关上了门。

他坐在马桶上，盘算着下一步。“我应该干什么才能让自己兴奋？”“还差一点点感觉，会是什么呢？”突然，他听到旁边的隔间关上了门，有人进去了。他听到一些声音，声音带来幻想，家雄想知道隔壁的情况，他想看。他想起手袋内有镜子，于是把镜子放在地上，尝试找一个隔壁不容易看到他但他却可以看到隔壁的角度。然后，第二个女人走进去，在镜子的反射中，他看到了……

他自慰，完事后才离开隔间，像一个女人一样，在镜子前照照自己，再离开厕所。

有第一次就会有第二次。他一开始时并不太猖狂。头四五年隔很久才会做一次这种事，也没有被抓到过，因为他会挑一些较少人去的厕所，而且总是在晚上人较少的时候去，所以甚少被人发现。

偷窥的次数多了，花样也变得千奇百怪。在厕所里，他有时会把镜子放在地上，偷偷照旁边的隔间；有时会直接站在马桶上，偷看隔壁。他一开始并不是经常做这种事，但每次做都觉得很兴奋和开心，比找性服务更有快感。渐渐地，他偷窥的频率越来越高，一个月至少会进女厕偷窥六七次。

“上得山多终遇虎。”2007 年 1 月，他站在厕所马桶上，在望向隔壁的时候，那位女士刚好抬起头……

从 2007 年到 2009 年，他开始不断被逮捕。有时是因为有人看见他偷窥，有时是因为他被揭发男扮女装进女厕。

问诊：童年的性侵阴影

2011年9月　小榄精神病治疗中心问诊室

“我喜欢女人，但九岁时曾被一个邻居摸过……‘鸡鸡’，他比我大三岁。”

我面前的家雄，三十一岁，犯的是游荡罪，他被送来小榄的原因是屡次出现在女厕，穿着女装，还在厕所隔间中偷窥。

“九岁那次，我报警了，也见过医生，但医生认为这并不算是性侵犯。但这为什么不叫侵犯？他摸过我，不止一下，只差脱掉裤子。”我已经见了他三次，每次都是由被性侵说起。他认为，就是那次性侵导致他喜欢穿女装。从精神病学来说，这是可能的，曾被男性侵犯或虐待过，令他在潜意识中讨厌男性的身份，这是形成异装癖的一个原因。

“小时候，我喜欢穿妈妈和姐姐的衣服。姐姐身材比较高大，和我一样穿中码，她的衣服穿在我身上很合身。妈妈的衣服款式旧了些，偶尔也有不错的，有点成熟韵味。姐姐的胸罩大大的，我戴起来也感到自豪！但我其实更喜欢戴妈妈的胸罩，负担较小而不失曲线。”

家雄每次都说得很兴奋。

“我喜欢穿女装，但我也喜欢女人。”这一点家雄强调了很多次，听起来有点矛盾，但这矛盾却是犯罪的根源。

线索：穿异装才感到兴奋

2001 年

家雄第一次带女朋友到酒店开钟点房，这一年他二十一岁。关上房门，之后的两小时就是他和小翠的世界了。小翠一件一件地把衣服脱掉，但当他想进一步的时候，小翠却说：“我想先洗澡。”

家雄坐在床上，有点紧张，令他不由得担心的是，他的下身没有任何反应。这种情况不是第一次发生了。自从懂得自慰，他就发现，只有穿上妈妈和姐姐的衣服，打扮成女人的时候，他才能够感到性兴奋。随着水流声消失，他不由得急了。望着散落在床边的女朋友的内衣，他的手不由自主地伸了过去……

“你还没洗澡，为什么穿上我的内衣啊！”围着浴巾出来的小翠娇嗔道。

家雄顺利完成“成人课”，但他的性癖好很快就被女朋友知道了，他每一次都要穿上女装才行，而且变本加厉，连高跟鞋也跟女朋友借穿。半年后，小翠提出分手，理由是“性格不合”，但家雄明白，他每次穿上女装，都会见到小翠反感的眼神。

之后，家雄没有再交女友。是没有缘分，还是潜意识里不想再让喜欢的人知道自己爱穿女装这件事，他不知道。

“我喜欢穿女装，但我喜欢女人。”他是如此斩钉截铁。

后来，他年长了些，更明白只有穿着女装才会让他感到性兴奋，甚至，不穿女装，便不能有性行为。为此，他从二十五岁开始便在外找性服务。只有性服务人员在他穿上女装时不会嘲笑他，只有性服务人员一直顺着他的意愿。

他在物流公司混到一个经理职位，有了经济基础，已经不用穿姐姐和妈妈的衣服了。他自己去买喜欢的衣物，最初是套装、洋裙、胸罩、内裤，后来添上胭脂、眼影、唇膏、耳环，最后还有假发、帽子、太阳镜。他开始不满足于只在房间跟性服务人员一起时才变装，他想活在阳光下，他想穿女装逛街。

问诊：异装癖和偷窥癖的治疗

2011 年 9 月　小榄精神病治疗中心问诊室

“我喜欢穿黑色的衣服，上衣边最好有蕾丝，我喜欢那种像剪纸、绣花的图案。”家雄越说越兴奋，“你知道吗？我非常喜欢穿丝袜，喜欢那种滑滑的感觉，但有腿毛穿丝袜不好看，于是我剃了腿毛，之后又付钱用激光脱毛把腿毛全脱了，一根都不会再生。我摸着光滑的双腿……对，我这样也会性兴奋。”

之后，他还像个专家一般，细数哪个品牌的丝袜比较耐穿，什么化妆品能更好地修饰毛孔，如何在胸罩内塞满棉花去装出一对假胸。总之，能使他更完美地变成一个女人的方法，他都会兴奋地分享。“但有一个位置比较麻烦，喉结！胸部可以造假，但喉结只能用围巾遮盖着。”

我不能让他一直讨论女装品牌。异装是他行为问题的一部分，更严重的是偷窥行为。于是我问：“变装之后，为什么要跑进女厕？”

“因为急嘛，要小便。”

他好像不明白我的问题。

“你第六次被捕时，法官要你还押小榄，当时你有什么感想？”

“我终于感到害怕了。”家雄说着，摇摇头，“之前几次犯案，最后都只是罚钱了事，没有判刑，亦不用缓刑，我可以为自己的行为承担后果。但这次有点不一样，事情恐怕会越来越严重，也许有一天，我会真的被关进来。我不想坐牢，也不想来小榄，所以我跟当时的精神科医生说：‘我不会再进女厕偷窥了，也不会再穿女装。’”

当时的案件由已离职的精神科专科医生 Jason 负责。家雄当时被诊断为恋物性异装癖（Fetishistic Transvestism）和偷窥癖（Voyeurism），即喜欢穿女装和偷窥。这是我认同的判断。而由于当时家雄意志坚定，Jason 认为不需要给他精神药物，建议他去看心理专家就可以了。

“我依照心理专家所说的去做了，但好像没有什么效果。”家雄说着，摊开双手，做无辜状。

线索：正常社交生活难以建立

2009 年 5 月

家雄真的把所有女装都丢掉了。

这次，法官判了他缓刑十八个月，他不禁舒了一口气。之后，他接受了精神科医生的转介，认识了心理专家 Ken。但他不喜欢 Ken，觉得 Ken 说的都是废话，他尝试过采用 Ken 的建议，但还是控制不了想穿女装的欲望。

他虽然下定决心丢掉女装，但欲望使他时时刻刻都想变装，如果不变装，他不会感到兴奋。他尝试“正常”地找性服务，但不行，他还是只有依靠性服务人员身上的女装，才能得到快感。

至于偷窥，他没有女装，不能进女厕，但他常常回味那时候在女厕偷窥的快感，他很想再试一次。有一天，他找到权宜之计，互联网上有分享偷窥照片和录像的网站，只要付费就可以。以前，他对这些东西嗤之以鼻，但这次是半分犹豫都没有，立即付费。

找性服务和浏览网站可以疏解一时的郁闷，但家雄明白，这不是长久之计。Ken 有一句话其实他是赞同的：“你要建立正常的社交生活。”家雄将其解读成要找个正常的女朋友。上次小翠被他吓走了，但只要有新的女朋友，相信她的爱可以改变自己。

可是，如何找女朋友？由于曾经被捕，物流

公司经理的职位没有了，他只能做散工，哪来的女朋友？于是，他又把目光放到交友网站、APP，尝试在上面找到真爱。

“做你女朋友？可以啊。你先把一千块钱转过来，然后我们在尖沙咀地铁站的恒生银行见面。”

“为什么要先付款？”

“给点诚意啊，我怎么知道你是不是骗我的？你先付钱，我们去吃饭嘛，到时由我买单，不是很好吗？我是一个好女孩，不会胡乱跟陌生人逛街。”

家雄与这个女孩在网上谈了两个星期，每次约见面，她都说要先付款。最初家雄不愿意，但跟她越谈越投契，心理防线逐渐松懈，最后他终于问到她的银行账号，并向她转了钱。

之后，女孩失踪了，对家雄发来的消息已读不回，永远不回。

家雄很失望，但他仍坚持认为找一个女朋友是自己的出路。这次他学乖了，对要钱的女子都不回应，只跟一些聊得来的、不涉及金钱的女子聊天。终于，他找到几个目标，星期一约A女，星期三约B女，星期五约C女，应该总有一个合自己心意吧。但很快，他又感到事与愿违。女孩们是成功约了出来，但每次约会后，她们都不会变成他的女朋友，无论约会过程是否开心，回到家后他都不会再收到对方的回应。他感到自己像是被骗了，觉得女孩都是想要他付钱请吃饭而已。他本来已没有多少钱，于是变得更不开心；一不开心，就又想穿回女装。这像一个非常恶性的循环。

问诊：异装癖无罪，侵犯他人有罪

2011 年　小榄精神病治疗中心问诊室

“虽然不喜欢 Ken，但我还是接受建议，定时去见他。他常说我要尝试改变自己，为什么要改变自己？喜欢穿女装有错吗？有人喜欢 Hello Kitty 喜欢得疯了，什么精品都买回家。为一个公仔花尽积蓄没问题，喜欢穿女装就有问题？”

事实上，从医学角度，异装癖是性欲倒错障碍（Paraphilic Disorders）。当然，现阶段不是跟他争执的时候。

“现在是你们不明白、社会不明白，是社会不接纳我们。为什么只有女性可以化妆、穿高跟鞋，而男性这样做就不对？是社会歧视我们这群人！”

家雄的指控不无道理。如果泛指全世界所有的异装癖，社会不应该歧视他们，但这中间有一条界线，那就是他们不能对其他人有侵犯性行为。可是，家雄会走进女厕，会偷窥女性小解，这难道能被体谅？

所以，这样的异装癖，是需要治疗的。

案件：在沙滩更衣室“露械”

2010年8月

家雄一直认为，只要找到女朋友，就能解决问题，可是他处处碰壁。在缓刑的十八个月里，他觉得自己的精神状态没有问题，没有特别影响情绪，没有出现失眠、食欲不振和情绪低落等情况。但因为要一直控制自己的欲望，家雄变得比较烦躁。

烦躁影响工作。因为他的态度有问题，散工的工头让他以后都不要来上班了。

“整个世界都跟我作对。”他烦躁不已，要找方法令自己开心，思前想后，还是认为只有穿女装才能舒缓自己的情绪。可是，他已经把所有女性服饰丢掉了，怎么办？只能再去买，他买了一件女式T恤衫、一条裙子、一件胸罩和一条内裤，还有化妆品和帽子，然后兴致勃勃地进了残障人士厕所变装。

“这次，我是一个短发美女，谁说女性不能留短发？”因为不想买假发，他给自己编了一套说辞。变装之后，他非常开心。在商场逛街、购物时，店员好像也没有特别注意他，即使他在逛卖女性内衣的地方。“小姐，有什么可以帮到你？”他微笑，摆手。他知道自己一说话就会露馅，所以坚持只用手势。逛着逛着，他又注视着商场的女厕，偷窥的念头又出现了。这是他常去的女厕，一路走进去有种驾轻就熟的感觉，但仍然紧张，直至走进厕所隔间，关上门，他才舒了一口气。他从手提包中拿出镜子，放在地上……

从女厕出来的一刹那，他感到无比兴奋。成功了！他找回了久违的快乐，这种感觉，是找性服务和浏览网站都不能给予的。“我找回自己了！”他很想大声宣告，但当然没发出声，他不会蠢到惹来别人的关注。

此后，他扮女装进行偷窥的行为一直持续。但这并不代表他的生活真的快乐，他失去工作，没有任何积蓄，开始领取综援[①]度日。他感到生活

① 香港地区的综合社会保障援助。——编者注

艰苦，每次都用女装和偷窥来麻痹自己。

2011年6月，他找到一份新工作，在酒楼做侍应生，但他烦躁的性格没有改变，一个月后又被解雇了。这一天，他感到无助，想找寻快乐。他走到百货公司，看到女模特的照片，又想买一套女装。他要把自己变成一个女人，只有这样才能让他感到高兴。他跑到旺角女人街买衣服，他知道女人街的货色较便宜，易负担；而最重要的是，在那个地方，即使男人去买女装，人们也不会觉得奇怪。

他跑到旺角的公厕，变了装，这次他买了一款卷曲的假发，觉得很有女人味。走了不到几条街，他就想偷窥。去什么地方好呢？

这时，他见到一辆去浅水湾的巴士。

“我从来没有穿过女装去海滩，更没想过可以到公共更衣室偷看女人换衣服！”这样想着，他上了巴士。在巴士上，他已经难掩兴奋，他的身体不停地颤抖着，无法控制，还好邻座没有人。

到了浅水湾，一大帮人下车。他的目光向前方的女孩们扫过去，他幻想着一会儿在更衣室能见到她们。走过马路，踏上沙滩，人们在阳光照耀的海滩上四散，各有属于自己的地盘或沙滩席，但家雄只望向一个地方——更衣室。他庆幸今天没有买高跟鞋，但宽松的连衣裙也不见得跟沙滩很搭配。“但不搭配才需要进更衣室吧。”家雄自言自语，径直向更衣室走去。

走到更衣室门口，刚好有一对母女从里面跑出来。人们都期待着弄潮的快乐，也顾不得留意走进女更衣室的人是谁了。他走进去，吓了一跳，“怎么这么多人？”几乎到处都是人，他好不容易找到一个靠墙的位置坐下来，微微抬起头，只见每个女人都在做不同的事，有人把衣物放进储物柜；有人在脱外衣，里面一早穿好了泳衣；有人弓着身子替小女儿换泳衣，领口春光乍泄；有人脱下衬衣后面向墙壁把胸罩脱下，再把泳衣穿上……家雄看着，像是飞到外太空去了，他觉得自己跟她们融为一体了，“这里是更衣室，我是女人，来沙滩换泳衣的女人。”他动手打算把连衣裙脱掉，把裙摆抬高，盖过自己的头……

“哇！”尖叫声由一声变两声、三声、四声，盖着头的家雄不知道发生了什么事，只觉得更衣室异常混乱。

“不要动！”突然，他听到一个男声，心想：为什么女更衣室会有男人？“快穿上，把衣服穿上！”他把盖过头的裙摆放下，眼前是两位男救生员，整个更衣室的女人都不见了。

接下来，警察到了。他有点六神无主。他坐下来的时候，裙摆没有放好，屁股坐到木椅上，才发现那条小小的丁字裤并没有覆盖住他的私处。

翌日，报纸头条为：“变装男浅水湾女更衣室‘露械’”。

会议：建议用药降低冲动

2011年9月　小榄精神病治疗中心会议室

“他已经是第七次犯案了。法官极可能判处其监禁。”周例会上，当我简要介绍完家雄的案件后，主管Gary有这个看法。

“他求我给他入院令。因为他知道这次自己一定要坐牢，可是他真的很不想坐牢，所以便求我让他进小榄。他说自己精神状态真的很差。”

“小榄不是让人逃避监禁的地方呢。”Vicky笑说。

“他最初患的是性欲倒错障碍中的恋物性异装癖和偷窥癖，但后来因此丢了工作，从前是经理，现在是闲人，多重打击之下，其实患上了抑郁症。”我补充说，“他自以为变装可以令自己开心，但那只是一时，回家后还是要面对生活的问题。”

“上次 Jason 建议他试试心理专家的治疗方案。”Gary 说，“Robyn，这次需要用药吗？”

“一般而言，不到最后我不会建议病人用药。不过他已是惯犯，被捕了七次，没有被捕的犯案不知有多少次，因此需要考虑用药物来阻止他继续犯罪。”我说，“所以我建议用药，主要是可以减少他的冲动，而药物的副作用包含降低服用者的性欲，也会令他穿女装和偷窥的行为减少。”当然，我也会针对他的抑郁症提供相应的治疗。

“也继续请心理专家跟进吧。他一有问题就只想到穿女装解决，完全找不到别的方法缓解压力，但他一穿女装便很容易犯罪，这才是一切的根源。”Gary 说着，盖上文件，表示结案。

后记：有得救的可能

最后，我们没有给他申请入院令，法官判他游荡罪和公共场所行为不检罪；由于屡次犯案，判了四个月监禁，明言希望有阻吓作用。

家雄每星期到青山医院门诊复诊一次，我们

开始对其用药，效果不错。家雄出狱后，我转介了另一位心理专家跟进他的情况。

我以为不会再见到他，岂料三个月之后，他又在我面前出现。

这次，他比之前任何一次都沮丧。

“我没有偷窥。”他劈头就这样说，带点哭腔。

“出狱后，我完全不敢再穿女装了。”家雄低着头诉说着，“可是，刚出狱不久，妈妈就生病了，是我刺激得她发病的，她为了我的事一直很担心，最终病倒了。

“我感到压力很大，把妈妈送到医院之后，我想减压，我知道这方法不对，但我想不到别的方法了。我穿上女装，原本只是想逛逛街，但突然尿急……”家雄举起三根手指，说，“我发誓，我真的只是想上厕所而已。”

我看了看资料，他还未走到厕所隔间就被一个“大妈”逮个正着。这次他的表现有点不一样，之前他都在说“知错了，不会再犯，再犯不如去死，死了也没有人会可怜”。那时候，他只求不被监禁，但这次有点不一样。

“医生，是我不好，我……没有吃药。”这在意料之中，很多病人觉得自己没有问题了就停药，其实应该听医生的建议坚持服药。但对于喜欢依赖别人的他，似乎还有得救的可能。

他说出一个秘密。在被捕前的那个上午，离开医院之后，走进女厕之前，他做了一件事。“我买了一堆女装，在公厕变装之后，在街上百无聊赖地走着。走着走着，我觉得自己有点性兴奋，我不敢到女厕偷窥，也不想找性服务，便到酒店订了一间钟点房，在房内自己解决，之后穿上女装，睡着了。

“醒过来后，我反复问自己，这样真的好吗？如果再失控，再走进女厕偷窥，就会再被捕、再坐牢。你希望自己下半生经常进出监狱吗？”原来，他离开钟点房后就一直想一直想，不自觉地就走到女厕小解，“可是，我控制不了，我仍然想穿女装，仍然想偷窥，我应该怎么办？我想到，应该找医生。我想医生你帮我、救我，这次是真的，我会好好吃药，真的。”

其实，我们一开始已经给了他最好的治疗方案，只要他肯听话，按时服药和听从心理专家的辅导，很大可能会像类似案件的其他病人一样，有痊愈的一天。

之后，我只见了他两次，第一次是在三个月

后，他说他在一家新酒楼做部长，可能是药物发挥了作用，他的郁结跟烦躁的感觉消失了，但我认为三个月的时间未必能解决问题，于是请他继续用药；第二次是过了半年之后，他气色好多了，也得到心理专家的帮助，我相信只要再过一段时间，他就能完全康复。

异装癖：异常但应正确面对

异装癖有先天和后天之分。后天异装癖的成因是人在成长过程中，有一些关于性别的特别经历，如有一些男性周遭都是女性，习惯被女性照顾，形成了恋母情结。

世界上大部分人都不太理解异装癖，异装癖者往往活得有压力，从而可能会引发许多社会问题。其实，只要异装癖者没有侵犯他人和滋扰社会，其他人不应该歧视他们。

在医学上，异装癖又称异装症，是性欲倒错障碍的一种。Paraphilias，中文翻译为“异常性行为”“异类性行为”“特殊性癖好”“性偏好”等，该行为包括恋物、异装、偷窥、摩擦身体、施虐或受虐等。

异装不一定都是病态，只有在当事人因为其性偏好而感到很大的困扰，或伤害到自己和其他人时，医学上才将其界定为性欲倒错障碍，此时则需要接受诊断或治疗。

4

档案

醉与恶
——思觉失调者的幻听与妄想

有人说一醉解千愁，也有人说举杯销愁愁更愁。任何事过量都会有害，何况酗酒？酒精成瘾本身是一种疾病，也会引发其他精神疾病，这是很多人不知道的。

酒的诱惑

2011 年 7 月　黄金海岸某餐厅

“Happy birthday to you，happy birthday to you，happy birthday to Celia，happy birthday to you.”

“很感动啊！我以为只是普通的吃饭而已，想不到大家会为我这样一个实习生搞生日会！谢谢Gary，谢谢 Robyn，谢谢 Vicky，谢谢 Howard，真的谢谢呀！”想不到我为Celia办的惊喜生日派对令她如此感动。实习生每半年一任，不一定能碰上生日，能有一个让同事们放下工作来联谊的晚上，对整个工作团队都有好处。

“Celia，喝一杯庆祝如何？”Howard拿着一瓶红酒，给我们每人都倒了半杯，轮到Celia，她年纪小，Howard先问她。

“可以啊，我中学时就已经是有名的‘千杯不醉’了。”Celia笑着说，然后端起酒杯，豪气地说，“我以前真的很喜欢喝酒，中六到大学一年级期间，把酒当水喝。起床后先喝一杯红酒，红酒配早餐。午饭时间嘛，中学不能喝，大学就经常喝啤酒。晚饭后再喝一瓶红酒，对，一整瓶，天天如此。”

“那倒真的有点过头。”Howard的脸变得认真。

“不只如此呢。”Celia笑说，“周末只要跟朋友去玩，一整晚都喝，没有节制的。”

“不会醉，不会有什么不舒服吗？”

“当然不会醉，但后来得了肝病。”Celia说，“所以，现在的外号是‘千杯不醉，只喝一杯’。”大家都笑了。

“长期喝酒真的会危害健康，我就碰到过一个酗酒引发思觉失调的非礼案例。”

我一边说，一边想着第一次见到夏生的情况。

问诊：接收命令，被迫跳舞做鬼脸

2007 年 2 月　小榄精神病治疗中心问诊室

夏生，三十九岁，被控在九龙公园非礼一个二十一岁的女子。

“有没有酒？”这是他安静地坐下来之后说的第一句话。

说他安静地坐下来，是因为他进来之后胡闹了很久。他一进来就跳舞，不是真的有节奏有规律地跳舞，而是手舞足蹈，双手向左边扬两下，又向右边扬两下，像在跳土风舞，之后正准备原地转圈，却被医护人员制住，并请他坐下。但他坐下来不久，又突然站起来跳舞，又是左边动两下，右边动两下，医护人员露出了无奈的笑容。

“我也不想跳舞，是多龙芝逼我的。”

“多龙芝？”名字听着耳熟，但想不出是什么。

“对，杜伦布贼党的多龙芝，还有波吉和阿祖。波吉和阿祖的话可以不听，但多龙芝的话是命令，你不听从她，她的上司会用炸弹炸死她的。多龙芝为了不被炸死，要操控我的身体，无论我是否想做，都要做。”夏生说到这里，有点无奈的样子。

我看过他的病情资料，知道他说过多龙芝这个人物。

“有酒吗？”他又问。我摇了摇头，然后他又自顾自地说下去。

“多龙芝、波吉和阿祖，每次都会坐由杜伦布贼党提供的飞船。飞船上有一个按钮，一按下去，就有一只会爬树的猪走出来，那只猪说什么，我也都要照做。噢，来了，来了，它要我向你做一个鬼脸！”说着，他把舌头伸出来，双手放在脸颊旁作猫须状，然后很大声地“哇”了一声，吓了我一跳。医护人员立即上前，我摆手说暂时不用行动。

“你知道吗，如果不按多龙芝说的做，她按下蓝色的按钮，飞船里就会飞出很多小型机械人，侵入我的身体，最初只是痒，等到进入口中，就很痛苦了，它们在我胃里爆炸啊！那次幸好我最后服从了她，否则我现在应该在天国了。”

卡通坏蛋三人组走进现实？

2011 年 7 月　黄金海岸某餐厅

“多龙芝、波吉和阿祖？”Howard 呷了一口红酒，想了想，说道，“不就是小时候的卡通片《小双侠》里的有趣反派吗？”

这时候，服务生送来我的大餐，是西冷牛排伴薯蓉。牛排太大块了，我切了半块给 Celia，她把牛排跟刀叉上的鸡排放到一起吃。

“几年前不就在会议中汇报过吗？为什么你好像第一次听到？”我把牛排切成小块，放进口中。Howard 听着，向我吐了吐舌头。我转头向第一次听故事的 Celia 笑着说：“我没有看过《小双侠》，那时候在网上查资料才知道是什么。大致就是一部轻松搞笑的卡通片，讲的是坏蛋三人组作恶，主角二人组和一只机械狗警察除恶惩奸的故事。而夏生口中的三个人，就是坏蛋三人组。他的描述大致跟故事设定吻合，但还是有些细节不一样。”

“他的思觉失调，是跟酗酒有关？”Celia 问，“不会是遗传吧？”

“你们真的要听我讲故事吗？”我看看大家。

大家不置可否，但Celia明显有渴求的眼神。

“说得生动一些，不要像作报告一样啊。”Gary说着，他的鱼柳餐也来了。

“好。”于是，我仔细回想这个故事。

酗酒与戒酒

案发的时候，夏生已经失业四年，靠综援维持生计。他母亲早逝，两个哥哥都没有任何精神病、酗酒等记录。两个哥哥都是精英，夏生成绩中下，相对有自卑感，他在上学时已有很多行为问题，包括在学校打架、逃学等。中三毕业后已无学校收留他，所以要出来工作。但他性格懒散，又酗酒，经常无故旷工，所以一直只能打散工，在超级市场、便利店等做兼职售货员。

他十三四岁便开始饮酒，到二十岁已经天天喝酒。最厉害时每天喝十三瓶啤酒，一早起床便开始喝。夏爸爸见他这样喝酒，十分担心。他知道，饮酒过量，会引发不同的疾病；更知道，短时间内大量饮酒非常危险，有可能导致酒精中毒，甚至死亡。而像夏生这样长期嗜酒，会增加患上癌症的风险，如口腔癌、咽喉癌、食管癌、肝癌、大肠癌和乳癌。

另外，肝硬化、心脏病、中风和一些精神病，也有可能跟酗酒有关。这一系列的信息，是夏爸爸从网上找来的。夏生屡劝不听，夏爸爸决定强行要夏生戒酒，于是把家中的酒都扔掉了，二十四小时监视他，每分每秒都向他晓以大义。

可是，夏爸爸不知道，强行戒酒，问题更大。

强行戒酒引发戒断症状

“我知道，因为 Delirium Tremens。”Celia 举手，并把杯中剩余的红酒都喝光了，“幸好我知道这个，当年戒酒也找过医生帮忙。”

Delirium Tremens，中文是震颤性谵妄，也称为酒毒性谵妄。当酗酒者突然停止酗酒，身体和精神上就会出现严重的戒断症状（Withdrawal Symptoms），这是因为身体已经习惯了酒精。酒精是中枢神经的抑制剂，当酗酒者喝酒时，酒精会抑制兴奋传导物质的分泌并减少安定神经的传导物质数量。突然戒酒，因为身体不知道没有酒精“供应”，兴奋传导物质分泌增加，造成自主神经过度兴奋，具体表现为紧张、流汗、呕吐、发高烧、高血压，严重的会狂躁、产生幻觉、发羊角风，甚至死亡。这些症状会在断酒后三天至十天内出现。

“很多人不知道，无论是酒还是药，长期服食者要戒断，都必须找医生。”Vicky说得没错，这并不是有决心就能够做到的事，有时甚至对身体有害。

“就在夏生断酒三天后，他出现呕吐、语无伦次等症状。夏爸爸不知所措，两位哥哥大惊，叫救护车把他送到急诊室，医生最后将他转介到精神科，住了一个月院。”我又咬了一口牛排，才说，“出院的时候，精神科医生建议他复诊，给他药物，希望帮助他，可是他不肯合作，很快就再次喝酒。”

“他没有把精神科医生的话听进心里，他认为上次住院就是因为戒酒，所以他坚定地视酒为药物。”Gary说着，喝了一口水。

“再次酗酒之后，夏生的状态越来越坏。有一次，他发酒疯，在街上无故殴打自己的父亲；又有一次，他站在大厦天台边沿玩‘平衡木’，幸好有路人发现并叫了消防车，送他到医院。医院每次都把他转介到精神科，精神科都会帮他戒酒，但他总是一离开医院就去便利店买酒，又不复诊，精神科都没有法子。”我一直在说话，发现自己吃得比别人慢，又赶着吃起来。

“他不再相信戒酒有用，这其实很悲惨。”Celia 若有所思，可能是庆幸自己当初戒酒成功。

“根据夏生哥哥所说的，大约案发前三个月，夏生的精神状态就开始变差，会突然自言自语，不知道在说些什么，也会对着空气骂。这时候，他口中开始出现‘多龙芝’这三个字，大家都不知道为什么。”

“他有幻听，是思觉失调。很多人不知道，酗酒有可能出现思觉失调的症状，他幻想那个‘多龙芝’一直在身边操控他。”Gary 又轻描淡写地把重点说了出来。

“在我问到有关他的感情生活时，他说多龙芝就在他身边呢。”

问诊：卡通人物色诱我！

2007 年 3 月　小榄精神病治疗中心问诊室

跟上次一样，夏生坐在我的对面，这次他没有跳舞。我请他说说自己的感情生活和性生活。

“我有三段感情，结过一次婚，三年前离婚了。

“我当然只喜欢女人。恋童癖？不，我喜欢像多龙芝一样成熟而有魅力的女人。”他说“多龙芝”的时候，会向左边望一望。

“喜欢异性？当然不是！要我亲一亲波吉我都想吐。”这时候，波吉和阿祖都在他后面，所以他每次说话时都会指向后方。

“我的第一次？当然是跟女朋友啦，第一个女朋友。在什么地方？多龙芝不让我说，不好意思，她说她不想知道。性生活没什么特别，都是一般啦，你想让我很详细地描述吗？噢，我不说。多龙芝也不想我说，我们挺一致的。第二个女朋友是在酒吧认识的，真想再遇上她。哎呀！多龙芝打我了，她不想听。阿祖在笑我了。我不说了，我不说了。

“好。讲我前妻。她是我做超级市场售货员时认识的，我最初不喜欢她，但她很关心我，相处久了，我们就在一起了。告诉你，我们定情的地方是超级市场的仓库，那个晚上，我们……噢，多龙芝又不让我说，你当作没听到好吗？总之，两年后我们结婚，但一年后就分开了。分开原因？性格不合嘛。什么？妈妈说因为我酗酒？怎么会！不是因为酗酒，我有戒酒的，有戒酒的。”其实他没有真的戒过酒。

“现在没有女朋友啊，三年都没有。挂念前妻？不，我有多龙芝嘛。偷偷告诉你，她听不到的，我一直当她是女朋友啊。有了多龙芝，哪还需要女朋友？性生活？当波吉跟阿祖不在时，多龙芝会挑逗我，她会脱下那一身战衣来引诱我。真的！”

重组真真假假的话

2011 年 7 月　黄金海岸某餐厅

“我刚才完整地说出他的感情和性生活经历，但真正问诊的时候，他并没有如此清醒。我要整合他几次的回答，也要跟他的爸爸和两位哥哥确认，才能知道一个最接近事实的答案。”我说着，大家都明白地点头，大概是有同感吧。许多精神病人表达存在问题，我们需要花许多时间才能知道他们说的是真话还是幻想的一部分。

这时候，服务生送来甜品，打断了我的话。甜品是蛋奶酥，很精致。

“之后，我问他案发时的事。”

问诊：身体被卡通人物控制

2007年3月　小榄精神病治疗中心问诊室

夏生断断续续地说，说得有点混乱："案发？噢，是给警察捉到这件事吧。我在商场走着，走到二楼吧，多龙芝突然说'摸那个女子的胸部'，我说'不要'。我当然知道这是不对的，但我很害怕，因为一旦拒绝执行她的命令，我就会受到惩罚。但那一次，多龙芝决定控制我的身体，她按下飞船的按钮，有一只猪在爬树，然后我就像木偶一样，双手双脚上都有一条线，连接着多龙芝的手指头。多龙芝的手指一动，我整个身体都失去控制，我跑向那个女子，从后面环抱住她，双手按上她的胸部。那女子惨叫一声，旁人就冲过来了，我被多龙芝控制着，走不了！突然，多龙芝说'玩够了'，之后她给我松了绑，我感觉到身体自由了，那些路人不是我的对手，我闪身逃脱，逃到一个没人的地方。但那个波吉，竟然通风报信，告诉警察我的藏身之处……"

夏生说话时的那种混乱情况，是他的妄想导致的。

思觉失调者的幻想记忆

2011 年 7 月　黄金海岸某餐厅

“他承认了非礼，但事实跟他说的并不一样。”我一边品尝蛋奶酥，一边说，“事实是，事情并非发生在商场，而是在屋村楼下的小花园。受害人是一个四十七岁的女子，那时是夏天，她穿着宽背心，坐在公园乘凉。他慢慢地走过去，突然把手伸进女子的背心内，捏了一下她的胸部。对方吓了一跳，用力把他推开，然后打电话报警。整个过程中，他并没有逃跑，他蜷缩地坐着，等待警察的出现。”

“这是思觉失调的症状，他已经不知道自己在做什么了。”除了蛋奶酥，Howard 还多点了一个焗西米布丁，Gary 常说他嗜甜得过分。

“对，在几次问诊中，他都对非礼有不同描述，有时是摸胸部，有时是摸臀部；有时是女学生，有时是女文员。”我说，“但我有警察的报告，当然知道真相是怎样的。”

“夏生说，多龙芝控制了他的身体，这是怎么回事？”Celia 已经把蛋奶酥吃光了，在找纸巾抹嘴。

“记得之前我们有一宗佣人杀害雇主的案件吗？”我问。（这个案件，收录在我另一部作品《犯罪心理X档案：法医精神科医生真实办案手记》中。）

“记得。”Celia说，“佣人幻听，那个声音教唆她杀人。”

“跟佣人案相比，夏生这个个案，情况有点不一样。夏生无法控制自己。他觉得自己当时像一个木偶，被人控制了思想和行动，完全无法自控。”

“两种都是思觉失调的症状？”

“对。”

“那么，如何分辨？”

“一般要靠病人自述和医生分析才能判断他们属于什么问题。”这时候，听到Gary叫服务生来结账，我也快快地把蛋奶酥吃掉。

耍酒疯还是精神分裂？

2011年7月　的士内

饭局在愉快的气氛中结束。我没有把夏生的故事讲完，因为这并非饭局的主要话题，也就无所谓了。我拦了的士回家，因为跟Celia同路，所以载她一程。

“夏生的报告，你是怎样写的？”Celia 已经熟知法医精神科医生的工作了。

“写他酗酒导致思觉失调，他不能控制自己，导致犯案。”我答道。

“他有病，不能控制自己，但法律还是要他为自己的行为负责，对吗？”

“对，虽然他不能控制犯案的行为，但酗酒却是自愿的，所以他也要负法律责任。法庭判他有罪，并给了他半年期的入院令，即强制来小榄治疗，而且必须服药。这是合适的处理方式，因为他酗酒多年。但半年是为了配合他的刑期，他不是杀人放火，法庭不会颁无限期入院令的。只有半年时间，我们唯有尽最大努力。”

Celia 想了想，又问：“饮酒过量的人很多会有幻觉和胡言乱语的情况，如何分辨思觉失调是要酒疯还是精神分裂？”

“酒精滥用伴有酒精引发的思觉失调（Alcohol-Induced Psychotic Disorder）症状一般不会持续超过六个月。但他犯案时发病了三个月，到小榄等报告时有四个月了，七个月后症状也没有消失。”

“这样就知道他有另外的问题了。”Celia 恍然大悟。

“当然，一般情况下，我们会立即让病人服药，如果病人酗酒，也会让其戒酒。其实我们不会知道思觉失调的源头，但夏生在还押等报告的四个月内都拒绝服药，才让我知道他的思觉失调并非源自酒精。”Celia点了点头。

“如果是酗酒引发的思觉失调，只要病人成功戒酒，思觉失调的症状也会慢慢消失；但如果仍然有思觉失调的症状，那就代表有其他原因了。经过诊断，我发现他患的是精神分裂导致的思觉失调，这类患者不仅需要采取戒酒的治疗方法，还需要接受药物等治疗手段。”我继续说道。

“他最后被医治成功了吗？”Celia关心地问。

“这次，他成功戒了酒，知道了没有酒精自己也能正常生活。六个月的入院治疗并没有完全医好他的精神分裂，多龙芝仍然在他身边，但他已经可以不怎么听她说话了。由于治疗有效，无论是他自己、两个哥哥还是他爸爸，都愿意让他到青山医院继续接受治疗。大概过了一年，他就完全康复了。我还记得，我千叮万嘱他不要再喝酒，因为那样容易导致精神分裂再次出现。”

这时候，的士刚好停在Celia居住的院子前。Celia下车，伴随一个甜美的笑容挥手说再见。实习生之中，她对案件上心，也关心病人，法医精神科正需要这种热心的接班人啊。

如何分辨患者有哪种精神疾病？

精神科医生只通过跟病人聊天就能判断病人患上的是什么精神疾病吗？

不错，但精神科医生有严格的标准需要遵从，我们多数参考两个标准。一个是世界卫生组织发布的 ICD-11（International Classification of Diseases, 11th Edition，2022 年生效）；另一个是美国精神医学学会发布的 DSM-5（Diagnostic and Statistical Manual of Mental Disorders，5th Edition，2013 年生效）。

上述标准都列出了不同精神病的若干症状，患者至少出现其中若干个症状，并持续一段时间，才能被确诊患有相关疾病。以酗酒为例，与酗酒有关的精神障碍有以下几种。

酒精使用障碍（Alcohol Use Disorder）

这一病症会令患者的身体出现一系列明显的损害，包括以下至少两项症状，且至少维持十二个月。

一、长期超出预期和计划大量喝酒。

二、对喝酒有持续的欲望，或无法自控以及无法减少喝酒的量。

三、经常花很多时间来喝酒，或者需要很长时间从酒后的状态中恢复。

四、对酒精有强烈的欲望和渴求。

五、因为频繁喝酒而影响在学校、公司、家庭中承担的工作和主要职责。

六、持续地摄入酒精，受酒精影响，日常人际交往出现问题。

七、重要社交、工作和休闲活动因为摄入酒精而停止。

八、在危险情况下仍然持续摄入酒精。

九、即使知道酒精已经对自己的精神和生理造成长期性和持续性的问题，仍然继续摄入酒精。

药物耐受性（Drug Tolerance）满足以下任何一项：

一、需要不断且明显地增加酒精用量来满足上瘾反应或欲望。

二、持续摄入同样分量的酒精，却越来越不满足。

戒断症状（Withdrawal Symptoms）满足以下任何一项：

一、出现后文的戒断症状。

二、通过摄入酒精防止或减轻戒断症状。

酒精中毒（Alcohol Intoxication）

一、经常摄入酒精。

二、在摄入酒精后出现明显的行为问题或心理转变。（不妥当的性行为或攻击性行为、情绪不稳定、判断力受影响，等等。）

三、在饮酒期间或饮酒之后出现一项或多于一项以下症状：

- 口齿不清。
- 迷失方向。
- 步伐不稳。
- 眼球震颤。
- 专注力或记忆力下降。
- 昏迷。

四、以上症状并非由药物引起，或并没有其他物理疾病、成瘾性疾病比酒精中毒更能切合患者的戒断症状。

酒精戒断（Alcohol Withdrawal）

一、戒断或减少酒精摄入后出现强烈和持久的反应。

二、在戒断或减少酒精摄入几小时至几天后，出现两项以上下列症状：

- 自主神经活动过度。（出汗或心跳超过100次/分钟）
- 手抖现象增加。
- 失眠。
- 恶心或呕吐。
- 短暂的五感幻觉。
- 精神激动。
- 焦虑。

三、以上症状严重影响社交、工作或在其他重要场合的表现。

四、以上症状并非由药物引起，或并没有其他物理疾病、成瘾性疾病，以及酒精中毒等原因导致患者的症状。

精神分裂症与思觉失调

许多人分不清精神分裂症与思觉失调。简单而言，精神分裂症是一个病名，而思觉失调则是精神分裂症的一个症状，就如感冒是病名，发烧是感冒的一个症状一样。有关精神分裂症，详见本书档案8。

档案 5

恋童癖患者的失控世界

儿童需要大人来保护，但我们的法律足够保护他们免受伤害吗？有一个方法可以帮助解决侵害儿童有关问题，这个方法并不是强制性的，但也许是值得思考的。

两年前的案件：性侵初中女孩

2006 年 10 月 7 日　香港某公屋内

“22、23、24……”小玲默念着电梯里的那组数字，终于电梯在到达 26 楼时停了下来。电梯门一打开，她就疾步走回家，因为她忍了很久。学校的洗手间都被高年级刚上完体育课的姐姐们霸占了，就读中二的她选择回家上厕所，反正学校离家只有五分钟步程。

可是，刚出电梯门，她就瞟到在后楼梯有个人。公屋的后楼梯很宽，阳光让那人的面目不那么清晰，但她知道他是谁。

上星期，上上星期，还有上上上星期，总共三次，当她正要出门上学时，他都会在这里出现，主动跟她攀谈。

他说他来找朋友。小玲对他也没什么厌恶感，反正对方也没对她做什么，电梯一到，他也没有尾随。

所以，当他从后面对她“喂”一声的时候，她也没什么戒心，反而想起他们彼此都不知道对方的名字。她一边礼貌性地回应几句，一边用钥匙打开家门，可是当她进入家门，回头想把铁闸拉好时，却发现他的一只脚已经踏了进来……

当她回过神来的时候，她已经被那个男人压在沙发上……

会议：用化学阉割的方法进行医治？

2009年8月10日　小榄精神病治疗中心会议室

“之后怎样？”主管Gray问道。

“被控禁锢和非礼，判刑两年。”我说。法医精神科团队的例会上，我正在报告一起侵犯未成年人的案件。刚刚谈到犯人两年多前犯下了入室禁锢和非礼案，而他才出狱不久，又犯下另一起案件，就是这次要处理的公共场所行为不检。

“跟上次一样，在楼梯间等待女孩子，但没有禁锢和非礼。”我继续补充了案件的细节。

“可能只是那个女孩子警觉性较高，避免了更严重的事件发生。”Gary 并没有因为案件较小而松懈，他接着说，“上次入狱时，有没有转介到我们这里？”

“有，是由 Jason 负责的。”Jason 一年前离职，转为私人执业。“我看过他的报告，他将犯人转介给心理专家辅导了六个月，但从结果来判断，并不成功。”

“所有受害人都是初中生，不能忽视他的恋童癖倾向。”Gary 说，“Robyn，这个个案要多加重视。”

“他犯的案件太多了，必要时，我们要考虑用药。”Gary 说这话前，有一段深思熟虑的静默。我也了解用药的意思，这并不是一个普遍的做法。

注射荷尔蒙使犯人失去“性趣”

“什么是用药？”走在去问诊室的路上，Celia问。

“Chemical Castration，化学阉割，上学时没有学过？”

Celia像在书中找到答案一样，说道：“就是给他们注射荷尔蒙，令他们失去对性的兴趣？”

“对，恋童癖的犯人，对社会有一定危害，为避免他们再犯，会用这个方法，外国有很多例子，或是令他们失去对性的兴趣，或是令他们失去性能力，但这在我们这里似乎并不普遍。”我进一步解释，但我觉得她都已经知道。

“你会给他用药吗？”Celia用好奇的目光望着我。

“我只见了他一次，还不能做判断。”

说着，我们来到问诊室。

问诊：为何喜欢小女孩？

2009年8月10日　小榄精神病治疗中心问诊室

“我叫伟迪，二十三岁，未婚，在香港出生，与父母同住，我是大哥，有一个妹妹，我比她大五岁。我是便利店店员，要上‘通宵更’[1]。还有什么收入来源？我平日会在网络游戏中把虚拟道具卖给别人，算不算？家中有没有人患精神病？当然没有。”

眼前的病人伟迪，五官端正，只是身材比较矮小。他随和、平易近人，并不惹人讨厌，难怪受害人之中，有人对他毫无防范。

这是我对他的第二次问诊。我会重复问问题，在他不断重复的回答中，判断他的精神情况。在他回答了一些关于家庭背景的问题后，我需要知道他的性和爱的历史——只要跟风化案有关，问诊就要涉及这一范畴。

“初恋是什么时候？”

“中四那年，跟邻座的女同学交往，她叫阿圆。”

“当时了解男女之事？”

“知道，但我们只是牵手，没有‘衰十一’啊。”“衰十一”是香港年轻人都知道的“与未成年少女发生性行为”[2]的简单说法。之后，他主动

① 即夜班。——编者注

② 这十一个字的行为涉及刑事罪行，被当地一些人称为“衰十一”。——编者注

补充："我们交往六个月后就分手了，她跟打篮球的学长在一起了。之后恋爱过两次，也都没有'衰十一'的，虽然我很想，但她们都不愿意。"

"那么，第一次发生性行为是什么时候？"

"十九岁那一年，生日翌日，我付钱找了一个按摩师跟自己发生关系。"伟迪说着，一脸尴尬，"但感觉不好受，之后就没有试过了。"

"平常看色情视频？"

"看。"

"看哪一类？"

"普通的那些。"接着他说了两个人名，我不知道她们是谁。

"都是成年人？"

"对，都是成年人，有名的。"

"有没有特别想找一些未成年人的？"我想，他实施的是侵犯未成年人的犯罪，有必要把问题导向这一方面。

伟迪想了一想，然后说："没有。"

"但你上次跟另一位医生说，从十九岁开始，就喜欢十三岁以下的小女孩，为什么不找这类的色情视频看？"在上次 Jason 医生的问诊中，伟迪明确说出了十三岁这个年龄界限。

“十三岁以下的少女很清纯，不会做这些事。”伟迪说得斩钉截铁，“我只想她们和我做朋友。”

“没有想过跟她们上床？”

“没有。只是做朋友。”

我微微点头，决定换一个话题。他犯下的案件颇多，我决定从最早的案件说起。“你在十四岁时，犯了一宗‘露械’案，告诉我发生了什么事吧。”

第一次犯案：十四岁“露械”

2000 年 10 月 4 日　香港某公屋

十四岁的伟迪读中三，每天上学都会碰到住在隔壁的小欣。与其说碰到，不如说伟迪听到隔壁的关门声才开门。小欣搬进来的第一天，他就惊为天人。小欣浑圆的脸，微翘的唇，还有那礼貌性的微笑，令他朝思暮想。

可是，二人一直只维持每天微笑和说声“早安”的关系。小欣读中二，每天都一个人上学。伟迪每天都想搭讪，找点话题，但小欣每次说了早安之后，不是别过头去就是低着头不理会他。

这种情况持续了将近两年。此后的半年，伟

迪渐渐掌握不到小欣出门的时间，她有时早十五分钟，伟迪连校服都还没穿上；有时伟迪等了很久都听不到小欣的开门声，但自己快要迟到了，不得不出门。“难道小欣在避开我？”伟迪不由得有这个想法。他觉得，自己没有自然地自我介绍，让小欣认识自己，然后接纳自己成为她的朋友，才是小欣避开他的原因。

终于有一天，他又听到小欣的开门声。他决定了，一定要跟她说“和我做朋友吧”。只有这一句话而已，只要说出这句话，小欣就不会再避开他。

“和我做朋友吧。”终于，伟迪在互道早安后将这句话说出口了。只见小欣抬起头看着他，一脸惊愕。接下来应该怎样做？伟迪不知道该说什么，他不知道该如何表达自己想跟她做朋友的心意，突然，他觉得应该做一个动作去表达他的心情，于是冲上前把小欣拥入怀中……

“之后，你做了什么？”伟迪沉默了很久，我决定多问一句。

“我……就是……有了反应。详情我记不起来了，只知道我脱了裤子，把……露了出来。然后小欣尖叫着跑回家，我就去上学了。”伟迪说的时候，低下了头，“后来警察找到了学校，把我拘捕了。”

因为当时伟迪还未成年，所以他只被判了守行为[①]十八个月。但在这十八个月内，他竟然又被带到警局，因为他在街头看到一个十一岁的女孩子，觉得她很漂亮，于是跑过去摸了她的头发。女孩大吃一惊，高声尖叫，路人合力把他按在地上，然后报警。由于这次只是摸头发，所以伟迪没有被控非礼，但被定为普通袭击罪，因为他是未成年人，只把守行为的期限再延长十八个月。

问诊：心理创伤的源头

2009 年 8 月 10 日　小榄精神病治疗中心问诊室

“你说，你从十九岁开始，就想找十三岁以下的女朋友，可是你有这个年龄层的朋友吗？”

“现实世界没有。”

“那是什么意思？”

“都是在网上认识的，有很多方法。”伟迪说

① 我国香港地区的一种预防性法律措施。——编者注

到这里，突然笑了，“或者玩一些网络游戏，都容易找到朋友。”

“会跟她们见面吗？”

“会。认识了二十多个，其中有……五个，对，约了五个出来。我们都只是吃饭，没有做其他事情，做朋友而已。”

“谈谈为什么会喜欢十三岁以下的女孩子。”

“年纪小的女孩子比较纯真，很乖，很听话。”伟迪突然叹了一口气，原本温柔的目光消失了，“我曾跟三个十七八岁的女孩子拍拖，她们常要我买东西给她们，Prada 手提包、韩国化妆品、项链、iPhone……但我只是想让她们陪我谈天，搂抱一下，她们却说忙，没空理我。你不觉得，女孩子长大之后，就只懂物质和钱吗？还是没长大的小女孩好，给她们糖果，她们就很欢喜了。而且我说什么，她们都听，还表现得很感兴趣。”

看来，两性之间的矛盾成了他的创伤。可是他总强调只是做朋友，想多了解一下。于是我问：“这些女孩子，不会引起你的性冲动吗？”

“不会。”伟迪说得十分肯定。

可是，令他入狱两年的非礼案很难说没有性欲的因素。

案件：入室非礼案的背后

2006 年 7 月 3 日　香港某公屋

伟迪有吸烟的习惯，他知道这是坏习惯，但吸了一支烟之后，他就知道自己戒不掉了。他喜欢独自在公屋的后楼梯吸烟。他住在十楼，有时往下走，有时往上走，他自己都不知道会走到哪儿。这一天，他走到二十楼的时候，一个穿着校服、戴着眼镜的女生在他眼前走过，目测大约十二岁。他看一下手表，下午四时，应该是刚刚下课吧。伟迪自己都说不出原因，就是觉得这个戴眼镜的女生十分吸引人，他尾随着她，突然不知哪儿来的勇气，令他大叫一声："喂，我想要纸巾，你有没有？"当时眼镜女生正用钥匙打开铁闸，好像被他突如其来的举动吓了一跳，她把手伸进裤袋，拿出一包纸巾，向伟迪抛过去，但力度太大，纸巾抛到了伟迪身后。伟迪回身把纸巾拾起来，眼镜女生已经关上大门。

"多谢！"伟迪望着手上的纸巾，很是高兴，因为他认为这是眼镜女生善意的回应。

之后，他每天都会到二十楼走走，大部分时

间都改为在二十楼吸烟，尤其下课的时间。隔了一个多星期，伟迪终于再次碰到了她。这次眼镜女生换了便服，在等电梯。他从后楼梯走出来，问她："妹妹，不如我们做朋友吧？"可是眼镜女生没有理睬他，甚至都没有瞧他一眼。伟迪再问："现在去哪儿？"眼镜女生低下头，轻声说一句："补习。"这时候电梯门打开，里面有三个人，颇为拥挤，眼镜女生跑进去，伟迪也不打算跟上她。

几天后，伟迪再次见到眼镜女生，但其冷淡的态度让伟迪明白，她不会想跟他做朋友，于是他渐渐减少在二十楼出现的次数。

一个月后，有一次他到一位朋友家探访，朋友住在另一栋楼的六楼。

就在离开的时候，他注意到了一个长发女生。她比眼镜女生更小，应该只有十一岁。伟迪觉得这个长发女生更理想，因为他喜欢鹅蛋脸的女孩。反正大家都在等电梯，他就开口问她："可以跟我做朋友吗？"长发女生抬头看看他，摇了摇头，就往家里跑。伟迪大惊，快步赶到她身后，拍了一下她的肩膀，但长发女生马上大叫，吓得伟迪立即从后楼梯逃走。

伟迪不明白，他只是想跟她们做朋友而已，

目的很单纯，为什么这些女生都拒绝他？尤其是那两姐妹。那天，他又到一栋楼去找朋友，在等电梯的时候，他遇到了那两姐妹中的妹妹。他觉得对方有点面熟，心想她是不是同学阿文的前女友阿咏？伟迪走过去拍了拍她的肩膀，却想不到跟随而来的姐姐大喊：“色狼呀！色狼呀！”

目测姐姐十四岁，妹妹大约十二岁。伟迪想，她们都是他喜欢的类型，大家可以做朋友，为什么一上来就大喊色狼？逼得他又要从后楼梯离开。

“我太心急了。”伟迪想到这个可能性。两个月后，他又一次等朋友，又见到心仪的女孩子。“这个我十分喜欢，从来没有这么喜欢的，因为她除了有可爱的脸蛋，还有微微隆起的胸部！”这个女孩好像对伟迪也有点好感。当伟迪向她打招呼时，她会向他微笑点头。当他说出“可不可以做个朋友”时，她没有掉头就跑，虽然没有亲口答应，但会报以微笑。伟迪觉得，这个微笑是善意的信号。

不记得是第四次还是第五次见她了。那天下午，放学时分，伟迪从后楼梯看到这个女孩走出了电梯，他尾随着她，大声地“喂”了一声，只见那女孩回头向他笑了一下，然后拉开家门。伟迪心想："她想约我到她家聊天。"于是飞奔两步，在女孩关门之前把大门推开，踏进她家。他把铁闸和木门都关好，然后打算笑着问女孩的名字，女孩却出其不意地尖叫起来！伟迪大惊，赶紧捂住她的嘴巴，纠缠之间，他把女孩压在沙发上。

这个女孩就是文章开头提到的小玲。在这个男人踏进家门之后，她感到绝望，除了呼叫，她什么都不能做。之后的一切都是无意识和失控的，她向着面前这个男人挥拳和猛踢，但有什么用呢？她放声大哭，不能自已。可是，她一哭，这个男人的动作就停下来了，也不再压在她身上。她想走，她想报警，但精疲力尽了。而这个男人就坐在她家饭桌前的一把椅子上，望着她，却不知道在想什么。大约半小时之后，他走了。

问诊：被隐瞒的真相

2009年8月10日　小榄精神病治疗中心问诊室

"我不想这样的，但她大叫……"伟迪叹了一口气，继续道，"但我也感到害怕，我不知道事情会变成这样。我坐在那儿思考，为什么？我只是想交朋友而已，但看见那女孩在哭，我想朋友也交不成了，也害怕她的家人会回来，所以就走了。”

事情的发展可想而知。小玲的家人回家后立即报警。警方翻查监控，很快就锁定了伟迪。而且有很多证据是警方知道的，但伟迪在自述中将其隐去了。

“根据你的描述，入室这一案件是第四起案件了。”我看着手上的资料问，“你知道吗？之前的三起案件，你口中的眼镜女生、长发女生和两姐妹，都报了警。”

伟迪听我说着，低着头默不作声，于是我继续问：“她们互不认识，且在不同的时间跑到警局控告你非礼。根据她们的口供，你不是什么都没有做或只是拍她们的肩膀，而是拥抱她们，双手抚摸她们的私处，对吗？”

伟迪仍旧低着头，没有回应。他明显知道是怎么回事，从而没有在言论上做出反抗。

之后，伟迪被判入狱两年。案件由我的前同事 Jason 负责，在报告中可以看到，伟迪说“只是想跟那些女孩做朋友，没有侵犯她们”。其说法跟两年多后的今天一模一样。可见伟迪虽然见过心理专家，也接受过六个月的心理辅导，但他的问题还没有解决，所以才发生这一次的案件。

又一次犯案

2009年6月　香港某公屋

伟迪出狱之后，到另一间便利店工作，那里的店长不认识他。坐牢的经历不好受，但六个月的心理辅导让他更了解自己。他仍然想找年纪小的女朋友，但不想再因此坐牢了。伟迪心想，妥协一下，交一些十四岁至十六岁的女朋友，能否好一点？

离开监狱大概两个月之后，他又到隔壁楼找朋友。朋友不在，他又在后楼梯吸烟，从高处望下去，见到一个大概十四岁的长头发女孩回家。他跑下来，冲出大楼，刚好她迎面走来，两人碰个正着。

“太好了，你叫什么名字？”女孩被他突如其来的举动吓了一跳。这时伟迪才看清楚她长发下的脸庞，眼睛很大啊，从没见过眼睛这么大的女生，水汪汪的，伟迪很是喜欢。

可是，这个眼睛水汪汪的女孩没有理会他，并快步走进大堂。伟迪急了，伸手想抓住她，但没抓住，女孩进入大堂，跟保安说话。伟迪觉得不妥，转身就逃。

过了两天，他又来找朋友，恰巧朋友又不在，而恰巧他又遇上一个女孩。这个女孩比眼睛水汪汪的女孩高一点，扎着马尾辫，伟迪觉得这个女孩没有之前的女孩好看，但他不介意。他守候在电梯前，待电梯门打开，他就说："喂，你叫什么名字？我们做朋友好吗？"说着，露出一个笑容。

"我叫阿菲。做朋友迟点再说，我现在要回家。"阿菲说着，也报以一个礼貌的微笑，但没有停下脚步。

"我叫伟迪，我们到后楼梯那边继续慢慢聊，好吗？"得到回应，让伟迪十分兴奋。

"不好，我不是说了我现在要回家吗？"阿菲没有再看他一眼。

"不要这样，做个朋友好吗？"伟迪说着，一把抓住阿菲的手。阿菲把他的手甩开，一边跑回家，一边大叫："妈妈，救命呀！"

伟迪立即逃离现场，但晚上，警察来敲他的家门。很明显，阿菲的家人报警了。

警方控告他的罪行是公共场所行为不检。法官还未判刑，但想要一份精神报告，因为他离开监狱才两个多月就再次犯下类似的罪行，想了解他有没有其他精神上的问题。

会议：对强制化学阉割的反思

2009 年 8 月 10 日　小榄精神病治疗中心会议室

“Celia，你观察到了什么？”问诊完伟迪之后，我跟 Celia 开了一个小小的会议，看看她观察到了什么。

“他说自己在后楼梯等人的事情应该都是假的吧，因为每次他都说自己在后楼梯等人。”Celia 或许不知道应该怎样回答，所以先找一个有趣的地方说。

“这个也是不错的发现。”我笑说，“他每次都说是去探访朋友，但朋友刚好不在家。其实他是故意在等。他观察‘猎物’很久了，否则怎会知道她们住哪一栋、哪一层？他在问诊时很不诚实，故意隐瞒了一些对他不利的事实。”

“对啊。他完全没有承认非礼。”Celia 说着，不断点头。

“根据上次他入狱后我们法医精神科的问诊结果，Jason 在报告中说，他有恋童癖和反社会型人格障碍（Antisocial Personality Disorder）两个精神问题。这是我也同意的。”

“恋童癖我知道，但反社会人格是什么？”

“不尊重法律，不停地犯同一个罪行；经常说谎；会不断地为自己的错误找借口，没有罪恶感，这些都反映了他的‘反社会人格’。

“其实，他是一个十分危险的人物，刚从监狱出来，马上就又去犯事了。”

“那么危险，需要用药吗？”我没办法第一时间回答 Celia 这个问题。我说：“用药也有一个名称，叫化学阉割，1944 年开始出现这种治疗方式。一些国家和地区会强制恋童癖患者打针，但我们这里不会强迫他们，只有在他们自愿的情况下才会为他们打针。”

“所以，要让病人明白他的情况对社会有危害。”

“不仅如此，从病人的角度出发来说明，他们或许更能理解。”我转一转坐姿，接着说道，“以往真有一些例子，有些恋童癖患者不断出入监狱，从十多岁到接近三十岁，最后他们也自愿打针，因为他们实在不想入狱了。当然，也有人感到不舒服而誓死不从，毕竟失去了性能力和性趣也不是一件值得开心的事。”

伟迪就属于这类。他非常抗拒化学阉割，我

们也没法子。

判决结果：守行为，但不到半年又犯案

我在给法庭写的有关伟迪的报告中提到，他患有恋童癖和反社会型人格障碍。他的“公共场所行为不检罪”依然成立，但只需守行为，不用入狱。

可是不到半年，他又犯非礼罪，这次被判入狱三年，又来小榄了。再一次见他，他还是那个样子，刻意隐瞒自己的罪行，不知悔改。

每次见到他，我都在思考，香港是否也应该强制对恋童人士进行化学阉割？毕竟每见他一次，就代表又有几位女孩遇害。但我一个人影响不了法律。路，仍然很漫长。

人格障碍与反社会人格

人格，在精神科中，要在一个人十八岁以后才能判定。人格会影响大脑的功能、情绪、人与人之间的沟通模式，还有一个人冲动与否，等等。这种人格模式必须是长久的，不能时有时无，必须一直维持着同样的情况，而且不能使用文化差异来解

释。一些人可能在十四五岁时就已经开始出现人格障碍的症状，到十八九岁时便越发严重。这种症状不是吸烟、滥用药物或其他行为导致的。有人格障碍的人在行事风格、表情、自制力等方面都和一般人有些不同，所以才会被判定为不正常。

但他们也没有被情绪类精神问题影响。

反社会人格一般在十五岁时开始出现，而确诊时患者一定要在十八岁或以上。他们在十五岁之前会出现品行障碍（Conduct Disorder，详见本书档案 6）如偷窃、逃学、经常说谎、打架、喝酒、吸烟、不回家等行为。

反社会人格有七个症状，不一定需要全部出现，但至少要出现三个：

- 不尊重法律，经常做一些违法行为，并且不觉得自己的行为有错。
- 喜欢欺骗他人，从他人身上骗取利益。
- 冲动，不顾后果。
- 经常表现得很暴躁，如会跟人打架。
- 不理会他人的安全。
- 经常觉得所有错都是他人的错，自己完全没错。
- 没责任感和罪恶感，会不断为自己的错误找借口。

反社会人格一般很难医治，多数患者要看心理医生，尽量使他们的一些行为有所改变。很多时候这些患者会有暴力倾向，医生会开一些药给他们，希望降低他们的暴力倾向，但没有药能让他们在服用后变得完全和正常人一样。

反社会人格是一种病态，但大部分患者一般不需要住院治疗，所以去小榄的机会不大。犯了事，如果被法官判刑，还是需要服刑。

两种恋童癖

恋童癖的界定（注：我国香港地区）如下：

- 持续六个月以上对十三岁以下的儿童有性幻想或性冲动。
- 受以上的性冲动驱使，做出一些不当行为，导致情绪失落或影响人际关系。
- 病人至少十六岁，与其幻想或有性冲动的对象最少相差五岁。

恋童癖患者可能喜欢男童亦可能喜欢女童，有些患者只对自己中意的儿童出现恋童癖倾向。即使有一些患者坚称自己没有以上行为，但只要有证据证明他们有以上行为，精神科医生就会判定他们有恋童癖。

恋童癖有两种，一种是恋童性倾向（Pedophilic Sexual Orientation），另一种是恋童障碍（Pedophilic Disorder）。

恋童性倾向不是一种病，只是一种喜好，不带有任何行动——即使在心底或许会对儿童有性冲动，但不付诸实践，能受自己和社会道德规范制约，也不是病态。恋童障碍是病态，不仅喜欢儿童、对儿童有性冲动，还会做出为社会所不容的行为，且一犯再犯；即使曾经被捕，亦不能阻止其继续进行这个行为。上文中的主角伟迪患的就是恋童障碍。

医治恋童癖时，医生可以和他们谈谈喜欢小孩子的原因，看看能不能令他们喜欢一些年纪比较大的人。但其实很多患者也没有办法被纠正。恋童癖是不是一种源自基因的取向，是目前具有争议的一个问题。

化学阉割

化学阉割（Chemical Castration），不会真的在

物理上切除他们的性器官，而是给他们注射一系列雌性荷尔蒙等药物。这类药物有两个功能，一是降低他们对性的兴趣，二是直接使他们失去性能力。这样，即使病人还喜欢小孩，也没有能力性侵他们。

有些恋童障碍患者对侵犯未成年人的行为抱有羞耻感和罪恶感，并为此感到困扰，这类患者会决定做化学阉割。但亦有患者并不认为自己有错，他们不会选择化学阉割这种治疗方法。

档案6

“混世大魔王”的犯罪之路

案件的背后，是一个病人；病人的背后，是一个疑问：为什么一直没有医好？这个档案，说的是一位六岁就已确诊精神病的患者，不断游走于医院、精神病院、监狱、私人宿舍，而他的父母，一直担任着什么样的角色？

案件：发生在精神病院私人宿舍里的性侵

2008 年 4 月 7 日　警察局报案室

“坚 Sir，精神病院私人宿舍的性侵案，受害者正在报案室。”重案组女探员美莎拿着一个档案，跟总督察王至坚报告。

“我们一同去听听口供。”王至坚说着，与美莎一同走进报案室，只见一个大约十六岁的男孩垂着头坐在那里，旁边有一位三十来岁的女子，想必是社工。

“Sir、Madam，我们是来报案的。我是社工绰敏，他是受害人阿禧。”王至坚望向阿禧，就知道他患有轻度智障。虽然感到遗憾，但也不禁想到，如果由社工把案情说出来，一定省时得多。但没法子，必须从受害人身上录取口供。

“请放心，阿禧说话是慢一点，需要些时间想想词汇，但他一直能清楚地表达发生过的事，而且是一个非常可信的人。”王至坚听着，有点尴尬，他向阿禧点了点头，问：“阿禧，你住在什么地方？”

“我，住在，私人宿舍，而我的家，就……就在荃湾。”王至坚点了点头，然后又问了他一些背景问题，他都一一作答。王至坚认为到了适当的时候，问：“阿禧，告诉我，你为什么要来警察局。”

“因为……我遇上一些不开心的事。”

“告诉我们，发生了什么事。”

在社工的协助下，阿禧说出当晚的情况。

“宿舍来了一个新人，叫泰来。第一天，他问我是谁，我告诉他我叫阿禧，他也告诉我他叫泰来。他说我们是好朋友。第二天，去尿尿的时候，他对着我，说想让我……我知道不可以这样做，老师教过我要保护自己，所以我说不可以。第三天晚上，他睡不着，来到我的房间，说要跟我谈天。我其实已经在床上差不多睡着了。他坐在床边，问我可否脱裤子，之后就把我的裤子脱掉了。他叫我转身，趴在床上，然后他整个身子压过来，我很害怕，但他很重，我动不了，我不知道怎么办……很痛，真的很痛……之后他站了起来，就离开了。”

说到这里，阿禧又低着头。王至坚知道，他鼓起很大勇气才愿意说出来，心里暗赞他：“很了不起。”

案发之后，阿禧一整天都没有离开房间，下午社工绰敏去看发生了什么事时，才发现了这宗案件。

录完口供，美莎送他们离开。王至坚看了看手表，知道犯人泰来大概也到达羁留室了。

“泰来。”王至坚一听到这个名字，脑海中就浮现出这个人的样貌。

反社会人格的未成年犯

2008年4月9日　小榄精神病治疗中心

我翻阅接下来要见的病人的资料，感到有点头痛。无论精神病记录还是犯罪记录，都非常多，他多年来一直是壁屋监狱和小榄两边跑。我终于明白Vicky开会时说的“终于到你了”是什么意思了，他们都曾经是这个病人的医生。

这个人叫泰来，犯的事违反香港地区刑事法例，地点在精神病院私人宿舍。

犯罪记录

先看他的犯罪记录，以下是根据其口供，还有警察报告所写成的摘要。

泰来十五岁开始便不再上学，也没有工作，无所事事，不是在游戏厅，就是在家中打游戏。他最喜欢打游戏和唱卡拉OK，会吸烟和喝酒，也曾尝试过毒品，但没有毒瘾。到了十六岁，他常常离家出走，父母总是联络不到他，每当找到他时，就是他犯罪之时。

十六岁至二十一岁间，他多次因偷窃而被逮捕：十六岁，在便利店偷糖；十七岁那一年，竟然连续犯了三宗刑事罪——在百货公司偷衣服、在街上做扒手、非礼男同学。因为那次非礼案，他被判入狱四个月。

在壁屋监狱服刑时，他曾经自杀，警察想帮他，他却攻击他们。失控的行径令监狱惩教官认为他需要进小榄治疗。那是他第一次转来小榄。

但他在口供中说，自杀是假装的，因为同监的人跟他说，小榄的环境比壁屋监狱好很多。

因此他用尽一切办法，想转到小榄。

二十岁那一年，他又因为偷窃被捕了。这次他竟然在新年前把父母封好的红包全偷走了，他说是因为父母不给他零用钱。他的父母这次再也受不了他的行为，报了警，令他坐了十四天牢。

品行障碍 + 反社会型人格障碍

根据报告，泰来的精神问题也非常复杂。

他三岁时，在幼儿园坐不住，活跃得控制不了，老师建议家长替他做一个评估，所以他曾接受过精神科诊断，但因为当时年纪太小，并没有确诊任何疾病。

六岁时，他的行为越发恶劣，经常在学校打人、咬人。当母亲骂他时，他也会打她、向她扔东西等。他的父母意识到儿子的行为可能跟精神病有关，所以又带他到私家精神科专科医生处做诊断，医生转介他至一位心理专家处治疗，但他的病情一直没有改善。医生用过药，但不是无效就是药物过敏。当时医生确诊泰来患有几种精神科病症：一、多动症（ADHD）；二、边缘智力（Borderline IQ）；三、违抗性障碍（Oppositional Defiant Disorder，儿童及青少年的病，症状包括情绪愤怒或烦躁，存在争论或挑衅行为，以及报复性的行为模式）。

直到十三岁那一年，他首次入精神病院。他年纪越大，行为问题就越多，包括吸烟、偷窃、与社会上的混混儿为伍等，还经常向家人、亲戚和邻居借钱，甚至曾经把刀架在母亲脖子上威胁。更有甚者，曾因父母不给钱就把腐蚀性液体泼向他们，在母亲开车时因为争执而强行抢夺方向盘以致撞车等。

这时候，医生诊断泰来患的是品行障碍、边缘智力和多动症，他觉得自己的行为完全没错，单纯因为刺激和好玩才做了以上的行为。成年后，他的品行障碍变成了反社会型人格障碍。

从十六岁开始，泰来不断犯事，家人报警。然后他会入住不同的医院，大埔医院、沙田医院、葵涌医院。出院后很快又犯事，然后又被送回去。

如前所述，十七岁那年，他因为犯事入狱，又因为自杀而被送到小榄。但来到小榄的几个月，他的情绪一直不稳定，经常跟人吵架、打架，尝试激怒惩教人员，说脏话，情绪经常很激动。他虽自言因喜欢小榄的生活才装成有精神病，但职员并不认为他是装病。

问诊：爸爸给钱找性服务

2008 年 5 月 10 日　小榄精神病治疗中心问诊室

终于，泰来坐在我面前。虽然报告描述了他的长相，但见到真人时我还是吓了一跳：头部向左歪斜，斗鸡眼，他走进来时，因为头部是歪的，好像跟身体无法配合，不能平衡，身子向左倾斜，笑起来很诡异。

根据他母亲之前的口述，泰来还有弱视。他三岁前经常要做物理治疗矫正头部的方向，七岁时又动了眼睛矫正手术。但撇除外观上的问题，他的身体算是健康。

身体健康，心灵倒未必。我看出他眉宇间的那种不可一世、天不怕地不怕的神态，他明显是被宠坏了，这某种程度上也是一种无知。

“Madam，第一次见面啊。医生我见过好多了，来来去去不就是问那些问题，你问吧。”他一边说，一边笑，脸上写着目中无人。

“你这次犯的是风化案，我会先问你关于性的问题。”我冷冷地说。

“性？ Madam，我怕你害羞啊，跟我谈性……”

“什么时候开始自慰？”我一边拿起圆珠笔，准备把资料写在笔记本上，一边将双眼睁得大大的，盯着他。泰来也许没想过会被问及如此隐私的问题，竟然招架不住，他收敛了眼神，不敢直视我，良久才小声地说：“十二三岁。”

“我听不到。十二岁还是十三岁？”

“忘记了……就是那段时间……”他还是结结巴巴的，看来是被我的气势吓到了。

“从什么途径知道色情的东西？”我拿起笔，准备记下他说的话。

“因为爸爸和妈妈的房间有不健康的书籍，应该是爸爸买回来的吧。他不知道我发现了这个秘密。只要没人在家，我就会看。一天至少看两次，每次……十分钟至二十分钟吧。”

“每次都会自慰？”我没有再盯着他，我相信他害怕得不敢不说话了。

“会……每天一两次吧，不一定的。”泰来说，“后来到朋友家住，还接触到了一些不健康的视频。”

“根据资料，你十七岁那年非礼过一个男孩子？”

“……对。”他又低着头了。

“但你喜欢女生？”

“我喜欢女生。”他倒说得斩钉截铁，“但那是‘和尚’学校，没有女生。我又还没有过性行为，想尝试一下。”

“当时的情况是怎样的？”

“他是我的一个同班同学，个子小小的，还没变声，很弱小的感觉。有次体育课，只有我和他被罚跑圈，其他人都回教室了。跑完后，只有我和他在更衣室，都在换衣服，突然我瞄到他裸着上身。我一时冲动……”之后，同学向老师投诉，校方立即报警。

“你有过女朋友吗？”

“没有啦，我这个样子。”他竟然懂得自嘲。

“那么，从没有过性经验？”

“有。”泰来欲言又止，最后还是说出来，“十八岁之后，有一天，爸爸跟我说，知道我的很多秘密，干脆给我钱去找性服务吧”。

“爸爸给你钱找性服务？”这是资料上没写的，是新线索。

泰来离开后，Celia一脸惊讶状，说：“父亲付钱给儿子找性服务？闻所未闻。”

“也要跟他父亲确认。但看他的样子，应该是真的。”我一边说，一边整理文件。

“哪有这样的父亲？”Celia摇摇头。

“看看泰来的背景，也许会明白一点点。”我扬一扬手中的背景报告。

线索：父母的自白

这份报告，来自前几次对泰来父母的问诊。

“没有医生可以告诉我，泰来的身体为什么会这样，是由于我们的基因，还是因为我怀孕时做了什么。”泰来母亲说的，就是泰来奇怪的长相。这令在香港土生土长的泰来从未被视为正常人。

“他说话能力正常，但理解能力好像比其他同龄小孩子差。”泰来父亲说。

泰来父母今年都四十岁了，父亲是个商人，母亲是家庭主妇。泰来是家中独子，自从泰来有自我意识开始，他跟母亲的关系就特别差。“他对他父亲没什么，但对我总像有仇似的。那也难怪，他父亲总是纵容他、宠他，但他做错了总要有人骂；我骂他，最初他是怒目而视，长大后不知从哪里学到用粗口骂我，然后还会动手打我。动手之后，我决定让他看精神科，此后的日子都在葵涌医院进进出出。”泰来母亲说。

有一些资料，泰来跟父母的口供不一样，令我特别留意。“你知道吗？我爸爸患了抑郁症，妈妈也有毛病，有躁郁症，奶奶、爷爷，还有姑姑都有精神病。”这是泰来说的。但其父亲却断然否认：“没有！家族中没有人患精神病，不知道他为什么会这样想……呀，我记起来了，严格来说是有，我有个叔叔倒是患过抑郁症，但泰来没见过他，在泰来出生前，他就死了。”报告中提到，泰来父母并没有精神病，但几位曾给泰来写报告的医生都不约而同认为泰来的父母完全不懂如何教育小孩，教育技巧差劲，不懂得控制泰来的行为。

“是父亲太宠，母亲太凶吧。”Celia叹了一口气说。问诊完泰来，也到了下班时间。我和Celia都还有一些事要处理，所以多留了一会儿。

“也不尽然。看看泰来的学业情况报告，你会发现，这是一个悲剧。”

线索：转校无数

泰来读书的情况，也是异常复杂。

幼儿园读了两所。由于过度活跃，父母听从第一所幼儿园老师的建议，将他转到一所有特殊训练的幼儿园，直到毕业。

小学更是读了三所之多。“他读第一所小学时非常顽皮，而且十分冲动，不顾后果。他上课时完全坐不住，经常骚扰同学，令所有同学都上不了课，所以他跟同学和老师的关系十分差，课业和操行成绩总是不合格。”泰来母亲说，“在第一所学校读了两年，因为屡犯校规被赶出学校。犯了什么事？怎会记得？他做错了那么多事。”第二所学校也是一样，他读了一年就因为跟同学打架被逐出校门。

“这时候，我们又开始思考，究竟有什么方法可以帮助泰来。有个亲戚说，泰来可能撞了邪，叫我带他去内地，她认识一个很厉害的法师。我信以为真，就让泰来停学一年，去内地一个乡下见那个法师。到了乡下，另一个亲戚又说针灸有用，于是又去试试看。最后完全没有人再有办法。”泰来母亲说。

“一年之后，她带泰来回香港了。我都说了不要信那些鬼话，她就是不听。”泰来父亲语带不满，“泰来这种小孩，需要特别照料，新界有一些村校，班型小，不足十人一班，师生人数的比例小一点，泰来的问题就不会这么严重。”可以想象，问题并没有解决，泰来开始逃课，因为他在校外认识了一些坏朋友。

要读中一时，泰来父母把他送到香港的特殊学校。但这所学校内大部分是智商有问题的人，泰来虽然品行有问题，但智力不算太低，根本不可能喜欢这种地方；而且他没有同理心的个性，简直把学校弄得天翻地覆，他随口喊同学“低能仔”“白痴仔”，其他家长听到后十分难受。校方不断接到投诉，只好要求他转校。好不容易找到另一所特殊学校，但不到半年，同样的情况再次发生。泰来又被请走。

“似乎泰来难以融入香港的学校。”泰来母亲心想。这时候，她想到，为何不去澳门和内地找学校？他们在泰来余下的中学生涯，为他安排了三所寄宿学校。为什么要找如此多的学校？因为每次不足半年泰来就被退学了。他的所作所为也真的“罄竹难书”：在澳门，他曾经假装跳楼，假装生病被送到医院，然后偷偷回香港。在内地，他曾经把老师反锁在洗手间，在操场裸跑，还有，之前提过，他曾经非礼一名比他小的男孩。直到十五岁那年，泰来父母决定完全不管他了。“算了，你不如别再念书了。放弃吧。”泰来的父母对他说。

“泰来父母能够做的也做了，他们已尽了力。他们不停地替泰来转换读书环境，希望找到适合他成长的地方。”我和Celia一同离开小榄，我乘港铁，Celia搭巴士，话题未完，我陪她等车。

“可是，他们的努力用错了地方。”Celia说，带着可惜的语气。

“对，泰来需要的，其实是精神科、心理专家和社工的帮忙，他们以为是环境影响着他，只觉得他需要老师更多的关注。”我叹息一声，“后来他们把泰来送到内地，很难长时间监督和管理他，这也是问题所在。”

“他们把泰来送到内地，好像只想着把他送走，让其他人照顾他似的。最后还说要放弃他，有点不负责任。”Celia 有点不满地说。

“把他送得远远的，不代表不需要管理。”我说，“有时也要想想父母的感受，泰来几乎每一日都生事，每一日都有新问题发生，对照顾者也是一种消耗。”

这时候，巴士来了，我们道别，翌日再见。

压力爆表的父母

2008 年 5 月 11 日　小榄精神病治疗中心

早上，我先见了泰来的父母，他父亲亲口承认付钱给泰来找性服务，而这件事连泰来母亲都不知道，她瞠目结舌。

“他满身精力无处宣泄，到处搞事。我尝试给他一个发泄的方法，看看是否有改变。”他说得理直气壮，但在这一点上，我对他不敢恭维。

之后，我向他们确认案发前的一些细节，包括为什么让泰来住进精神病院的私人宿舍。

“可能你会觉得我们不负责任，但我们已经无法再忍受他了。”泰来母亲眼泛泪光地说，“近两年，有什么事，我们都会报警，然后送他到医院。二十一年了，他已经成年，我们究竟还要背负这个包袱多久？”原来，最近一次，泰来又向父母要钱，母亲不给，他就在家里发狂，把母亲推到沙发上，疯了似的殴打她。父亲决定报警，可是警察到场后，认为只是家庭纠纷，不干涉。母亲一气之下，叫救护车把泰来送到医院。

“泰来在医院的第一晚，我们二人在家中详谈了很久，做出一个决定：即使要每月付钱，也永远都不再让他回家！我们决定把他送到精神病院的私人宿舍。”父亲故意说得决绝，其实眼里有一点泪光。

精神病院的宿舍有两种，一种是中途宿舍，由政府资助。“中途”的意思是在医院与社会之间的过渡，中途宿舍是给已经痊愈，不再需要留院，但仍不能独自照料自己的精神病患者入住的，入住期不会超过两年。另一种是私人宿舍，即泰来被送入的那一种，是给一些长期需要人照料的精神病患者入住的，比如智商较低、在生活上已经不能自理，但又不用住院的人，他们被评估为两年内不可能回到社会。当然，也有等不到中途宿舍的患者自行或由家人付钱入住私人宿舍。

看着泰来的父母，我感受到他们的疲惫。如果不好好照顾自己，说不定他们会是另外两位精神病患者。我唯一可以做的是，请他们等泰来服刑完毕后定期带泰来来复诊，我也能顺道观察他们。这当然并不足够，但已是我能力范围之内能做到的最好的了。

问诊：想通过编造谎言减刑

2008 年 5 月 11 日　小榄精神病治疗中心问诊室

下午，我在小榄对泰来进行问诊。

今天的他没有昨天的嚣张，反而看起来心事重重。

“你记得你为什么会住进私人宿舍吗？”

泰来想了想，说：“不记得了。我只记得医生常常替我打针，很讨厌。”

我想，那可能是给他打镇静剂吧，他常常跟病友发生冲突。“之后就被送到那间私人宿舍了。”

泰来住的是男性的私人宿舍，他住单人房，也有人住大房，几个人一起住，这当然由付的钱决定。在金钱方面，泰来父母真的付出了很多。宿舍里，除了被他侵犯的男病人阿禧，所有病人年龄都比他大。

“跟舍友的关系怎样？”

“第一天进去，很不错呀，职员都对我很好。尤其是那个叫阿禧的男孩，不知为什么，我一见到他，就有性冲动。或许是进了医院之后，一直没有机会发泄吧。”他想了想才说，“但同时，我又见到赵大山那个胖子。我曾在葵涌医院见过他，他不知道我不喜欢他，还常常跑过来跟我说些有的没的。不到半天，我就被他缠上了，他笑嘻嘻地走过来。我不想听他胡言乱语，心中突然有了一个计划。”

说到这里，他停了下来，等了一会儿才继续说：“我向赵大山提议，不要吃药，把药给我。他什么都不好，人胖，又有口臭，笑声又大，但唯一好的是，他听我的话。我打算当天晚上去‘搞’阿禧，如果被抓到，就说那是因为自己拿了赵大山的药，在迷迷糊糊的状态下就这样做了。但这个计划最后并没有实行，因为赵大山口头答应了，却没有把药拿过来。”

他摆弄一下手指，又说：“第一晚，我还能控制自己，也因为太累，想睡觉。

“第二天，我想应该试探一下阿禧。我在厕所问他，有没有兴趣……但他说没有兴趣，还说这样做很脏，那就没办法了。又过了一个晚上，我趁所有人都睡了，偷偷潜进阿禧的单人房。当时他已经睡了，我把他叫醒，问他能不能跟我‘做’，但不要告诉别人。他当时答应了。”

“‘做’的意思是什么？”我想让他清楚地做出解释。

泰来想了想，说：“就是做爱。我们都脱下裤子，我怕裤子会沾到些什么。

“但他说他害怕，所以我没有那样做，只是按着他，摩擦了几分钟，然后就离开了。”

我望着手上的档案，故意沉默了一会儿。

“之后，我去洗手间清洗。不久，赵大山冲进来，狠狠地打了我一拳，我晕晕的，就进了急诊室。出院后才知道，阿禧报警了。”

我又沉默了一会儿，只见他坐立不安。

“这样说，对吗？”我望着他，“你说的，跟受害人给警方的口供并不一样。你认为警方会相信你吗？”

泰来低下头。

“我们不是警察，我们是医生，医生是来帮你的。你不说真话，我们帮不了你。”

我感到他在做思想挣扎。

“我以为，这样说罪名会轻一些。”他舒一口气，笑着说。

最后他又给我说了另一个版本，也就是跟受害人阿禧的口供吻合的版本。他的确侵犯了阿禧，而且在床上射精。跟赵大山的事是编造的，赵大山没有打他，他也没去过急诊室——其实这些谎言只要一查证就会被揭穿。

至于动机，事发之前他正在看色情片，看了二十分钟后他就很想去发泄，但他没有钱，宿舍里又全是男人，所以他就想到阿禧，因为他年轻，轻度智障，容易下手。

裁决：判刑两年

2009 年 1 月 7 日　小榄精神病治疗中心食堂

Celia 今天放假，我和 Vicky 在小榄的食堂吃饭。

“泰来最后又被送回小榄了。”Vicky 说。之前泰来到小榄，就是 Vicky 给他问诊的。

泰来性侵罪名成立，判刑两年，但他进了监狱后仍然很麻烦，常常和人吵架、打架，假装自杀。以前在囚禁未成年犯的监狱中，他算老大，所以常常欺负人，但现在他被转到成人监狱，却变成年纪最小的，总是被欺负。他精神上受不了，开始自残，之后又被送回小榄。

“对啊，已经两个星期了。”我说，“在头一个星期，他的行为依然很糟，还是常常和人吵架，我们要不断给他打镇静剂。后来被打太多针了，肌肉都变硬了，他就决定变乖一点。”

“他只有二十一岁而已，以后的路要怎么走下去呢？”Vicky 慨叹，“是不是家庭或社会有什么错？他的成长过程是不是出了什么错？我们可以怎样帮助他？”

“我观察到，泰来也因为自己的问题而困扰。当人有这么严重的精神病时，是不是只能自己想办法面对？校方把一个有问题的学生赶出学校，就算是解决了问题吗？在泰来的个案中，父母虽劳心劳力，但方向完全错误。社会对精神病患者和精神病照顾者的支援是否不足？再有同类案件，患者家人懂得怎样处理吗？之后应该怎样帮助他？”我一口气说出心中的疑惑，Vicky 听着不断点头。

“希望我们法医精神科可以好好帮助他吧。”

“你也知道，只要精神病人年满十八周岁，精神科可以要求法庭对他下达监护令（Guardianship Order）。”Vicky 点了点头。法庭通过监护令授权一位社工做病人的监护人，监护人有权要求病人居住在指定的地方，有权安排他到任何地方，有权要求病人接受有关治疗，有权同意医生或其他社工接触病人，有权代病人持有、收纳及支付指定的每月款项。监护令下达后，如果病人违反了其中任何一项规则，社工就可以把病人送回医院。

“在香港，医生很少会提出这个方法，但有些人可能真的很适合这个方法，例如泰来，他真的需要更强、更专业的外力帮助他让生活重入正轨。”我顿了一顿，然后说，“等他服刑完毕，我或许会向法庭申请对他下达监护令，直到他康复为止。”

“希望我们都看得到那一天。”Vicky苦笑，我也以一个苦笑回应。我们都明白，这是一条漫长而不知道有没有结果的路。

但我会努力去做。

品行障碍

品行障碍是指在青少年阶段的患者出现反复持续的攻击性、反社会性、对立违抗性的行为。以下十五种行为，如在过去十二个月内至少有三种行为被警方记录在案，或在过去六个月内至少存在三种行为，（在我国香港地区）都会被视为患有品行障碍：

一、经常霸凌、威胁、恐吓他人。

二、经常主动“撩架”。

三、用武器如刀、枪、酒瓶攻击他人并导致他人严重受伤。

四、残忍对待其他人。

五、残忍对待动物。

六、抢劫、偷窃他人财物。

七、强迫其他人发生性行为。

八、纵火并毁坏他人财产。

九、故意破坏他人财产。

十、擅闯民宅、偷车。

十一、通过说谎来获得好处或避开责罚。

十二、偷窃一些并不珍贵的物品，或伪造物品。

十三、十三岁以下，没有家人准许，整晚不回家。

十四、离家出走至少两次。

十五、逃学。

档案7

认为明星爱上自己
——钟情妄想者的幻想

我们都有偶像，甚至会幻想自己是某某的先生或太太——只要能分清幻想世界跟现实世界，其实这种幻想只是成长过程中的一些“甜点”，但如果傻傻分不清楚这两者，那就可能是有病了。

“欢迎大家收看《夜话》，跟以往的星期三一样，我们有请何美怡医生。”主持人肥安这样一说，镜头就开始对着我，我听从监制指示，面向镜头挥了挥手。

为了让更多人知道法医精神科，即使工作很忙碌，我也愿意上电视节目。这是一个清谈加戏剧形式的节目，在夜间较晚的时段播出，主要是通过一些案例，让公众更了解精神病。这个节目制作认真，三个月前已经要我提交案例。他们会用短剧的形式叙说故事，然后我们再跟进讨论。

“一如既往，何医生会带来一个病例。”肥安对着镜头说了这一句，之后转向我，问：“今晚会跟我们分享什么？”

“今晚，我想讲妄想症。”我面向镜头，“一个关于追星追出祸端的故事，故事经过电视台的细心改编，当中的人物跟真实情况无关。”

“所以也不要问我们那位女星是谁了。”肥安和我都轻笑了一声。

镜头一转，先“放片”。

“邂逅”女明星

有个城市叫金华[①]，金华市有个男人叫金洋，金洋有个女朋友叫方华。

“金洋，今晚无论如何要陪我一起看《我们与“在一起”的距离》。”方华裸着身子躺在床上。

“那是什么电视节目？”金洋想睡个午觉，但他知道如果不回应方华的话，她大概有三个月不会和刚才一样与他亲热了。

---

① 使用金华市为作者创作需要。——编者注

在空调的凉风下，方华感到有点冷，她穿上 T 恤说：“是个真人秀节目，找了几对已经分手的艺人，在一个荒岛上相处一星期，看看他们是否有机会复合。”

“这么无聊的节目。”金洋心想，但他没有说出口。以他对方华的了解，他今晚没有不陪她看节目的理由，但他现在很想睡午觉，只好讨价还价：“好啊，但你让我先睡个午觉，可以吗？”

“不可以。”方华笑说，然后钻入金洋的被子之中。

当天晚上九时四十五分，《我们与“在一起”的距离》还有十五分钟才播，金洋与方华已经坐在沙发上。金洋累坏了，而方华却在侃侃而谈。

“知道我为什么要看这个节目吗？”方华也不打算让金洋回应，就自己给出答案，“因为男神马辉也是其中一个嘉宾啊！”

金洋也知道马辉，他的经历十分传奇。他曾经是飞行员，十分有名，退役后因为俊美的长相进入娱乐圈，与歌星林明美相恋十二年，却在两年前大家以为他们会结婚的时候宣布分手，震惊整个娱乐圈。之后两人都减少了公开活动。这一次，马辉与林明美一同参加这个真人秀，轰动了娱乐圈。但平时没有留意娱乐新闻的金洋是第一次知道这个消息。

当马辉出场的时候，方华尖叫了一声。金洋知道，她从前就喜欢马辉。陪女朋友看她喜欢的偶像，也是幸福的生活内容。想到这里，他也投入地看起节目。

节目中也不全是分了手的情侣，也有闹翻了的家人，其中有一对是来自香港的兄妹——郭子仁和郭子妮。金洋最初也跟方华一样，关注着马辉跟林明美的互动，但随着节目的推进，他不知不觉中被郭子妮吸引。虽然她的长相不是绝美的类型，但一颦一笑之间，对他有着莫名的吸引力。她个子娇小，胸部却很丰满，但他并不觉得这是吸引他的地方，一定不是。

“一星期播一次吗？”节目结束之后，金洋不自觉地被节目吸引，想立即看看之后的发展。

“你也觉得好看吧。”方华指着他，笑着说，“我最初只是看马辉和林明美，但看着看着，发现整个节目都制作得很用心，尤其是默契问答的环节，节目的制作团队真的收集了很多资料！嘉宾也十分卖力，你有留意那对香港兄妹吗？妹妹竟然记得兄长小时候为了保护她冲入狗群的事，真是十分感人呢。”

方华说的香港兄妹就是郭子仁和郭子妮，金洋就是被郭子妮这一段吸引的。之后，他在网络平台搜索了她，成为因为这个节目而关注她平台账号的八万名粉丝之一。每天，郭子妮都更新动态，但绝不透露节目内容。

以脑电波传情？

好不容易到了下一个星期。说“好不容易”，是对金洋而言。他每天都守在手机前，等待郭子妮的微博，也一直期待郭子妮在《我们与“在一起”的距离》第二集中的表现。然而，方华并没有观看第一集时的热情，她几乎忘掉了这个节目，因为隔壁电视台的歌唱节目正斗得你死我活。

“转台看马辉了。”金洋提醒，但其实他心底是想说“转台看郭子妮了”，也不等方华同意，他就拿起遥控器，按下换台按钮。方华也没有异议。

“金洋，我喜欢你。”郭子妮望向镜头时，她的眼神像是传送着这条信息。

“咦？”金洋揉了揉眼睛，他看错了吗？为什么郭子妮在电视里跟他用眼神聊天？之后他特别留意郭子妮的画面，只要她瞄一瞄镜头，就会传来一段信息，直达他的脑海。“是脑电波！脑电波传信！郭子妮在跟我说话，她说我很帅，她说喜欢我，她说……”

金洋又惊又喜，手还掩着嘴巴。“你干吗？”旁边的方华问金洋。

“噢，没什么。”之后，金洋顾左右而言他，方华也没怎么在意。

翌日，他向公司请了半天假。他是会计师，现在不是月底，可以临时请假。

他回到家，在网上找《我们与“在一起”的距离》，重温第一集、第二集。他发现原来郭子妮从第一集出场开始，就用脑电波向他发出信息了！只是自己大意，只顾看马辉和林明美，忽略了。而且他还发现，郭子妮传送信息的方法不单是用眼神，还有一些充满暗示的动作，比如她向镜头比“心心”和眨眼，其实是专门跟他说话！

看完两集节目，他决定多找一些郭子妮的演出。她在香港拍过许多电视剧，大多是第二女主角，但有几部电视剧的主题曲是由她唱的，有一首歌曲名叫《为何我碰到的人不是你》，郭子妮把没有遇上“他”的故事唱出来了！金洋感到郭子妮可怜，也怪自己负心，为什么要让这么好的女子受单相思之苦？还有一首歌曲叫《相爱在未来》，金洋通过这首歌曲感受到郭子妮原来一直憧憬跟自己建立家庭。

他觉得这件事很神奇，为什么郭子妮这么喜欢自己？他觉得很奇怪，同时又觉得飘飘然，很开心。但是他知道不能跟别人说，否则会被当成精神病。

之后的几个星期，他都会准时收看《我们与“在一起”的距离》，每次都清楚接收到郭子妮的传情信息，这令他心花怒放。他想亲身回应，但苦于没有机会。正当他烦恼的时候，《我们与“在一起”的距离》第八集宣布了一条重要消息：嘉宾下个星期会到金华宣传节目！

“这是一个好机会，我要好好回应她！”金洋下定决心。

第一次身体接触之后

金华万达广场中庭，工作人员正忙于布置场地。布景板上用大字写着“我们与‘在一起’的距离”，下面有嘉宾名单。令人失望的是马辉和林明美没来，挂头牌的是一对古装剧好拍档赵诗和张辉，郭子仁和郭子妮的排位靠后，照片较小。

金洋早上九点就到了，还占了个头排位置。因为马辉不来，所以方华缺少兴趣，金洋也没跟方华说会来这里。节目宣传下午三点才开始，这段时间，他都在刷郭子妮的微博，看她一直更新在金华的行程，原来他们的团队昨天晚上就到了，还在著名的酒楼吃了晚饭。郭子妮放了一张照片，照片里她闭着双眼亲吻手中的一块火腿，下面写着“终于品尝到地道的金华火腿了，我的最爱！”金洋看见“我的最爱”四个字就明白了：“郭子妮的最爱就在金华，就是我了！”想着想着，脸上不禁浮现出笑容。

好不容易等到下午三点，《我们与“在一起”的距离》的团队出现了！金洋旁边都是赵诗和张辉的粉丝，只有他一人，一直盯着郭子妮。节目宣传的过程都是跟现场观众玩游戏，大部分是以赵诗和张辉为主，郭子妮偶尔插一两句话，感觉并不算受重视，但在节目宣传的尾声，竟然传来惊喜，郭子妮会独自高歌一曲《相爱在未来》！金洋高兴得连连鼓掌，歌声之中，金洋再次接收到郭子妮传来的信息，甚至，觉得她一直都是盯着他唱！对，是盯着他唱，郭子妮要跟他“相爱在未来”！在歌曲的间奏部分，郭子妮走到台前，从左至右，跟第一排的观众握手。金洋是第六个，在握手的一刻，他完全有触电的感觉！他对她说：“很开心你来了，终于见面了。”郭子妮听到，报以一个甜笑，金洋又收到脑电波的信息了，郭子妮说：“我也很开心见到你，我很喜欢你。”

这一次接触让金洋确定，自己也喜欢郭子妮，这是一段“双向”的关系。

之后的几个月里，他就一直留意郭子妮的微博，而且有新的发现：每次微博更新，都跟他有关。例如，郭子妮说“今天下雨了，心情很沉重”，就是见不到他的意思；又或说“我喜欢吃鸡翅”，就是因为他喜欢吃，所以郭子妮也喜欢吃。

“交往”了三四个月，金洋觉得：“她这么喜欢我，我也不能不理她，不能不处理这段相思之苦。”

所以，他决定去香港。

我跟星星有个约会？

金洋跟公司请了一个星期的假，又骗方华说自己要去香港出差。他清楚郭子妮的行程，因为她刚出新唱片，需要每天做宣传，出席活动。

他对香港一无所知，但凭着对郭子妮的执着，竟然规划好了一个星期的行程，其中三天都是跟郭子妮见面，因为她有公开活动。此次行程的最后一个晚上也是留给郭子妮的，因为他相信只要二人接触过，她就会在百忙之中安排好单独见面的时间。

“既然远道而来，就不能两手空空。”他记得，郭子妮在微博中说喜欢郁金香，所以他买了郁金香；她还说过喜欢卡通人物姆明，他又买了一个姆明公仔；由于她的《相爱在未来》的最后一句歌词是“我们在新居中吃煎双蛋”，所以他也买了一盒蛋给她，寓意二人的未来。

第一天的活动，是西九龙广场的一场表演。他在金华时，感到郭子妮也不算太受欢迎，所以没有像上次一样，早上九点钟就到达场地。活动下午一点开始，他十二点四十五分才到，只见人山人海，许多人举了“妮”字牌，他们占了所有有利的位置，他恍然大悟：“原来郭子妮在香港非常受欢迎！”他尝试走近一点，但仍然没有粉丝理会他；他尝试跟他们说：“我要跟我女朋友见面啊！”但没有人理睬他。这天，郭子妮在台上唱了新歌《哭吧，我的梦》，金洋感受到她的不高兴，因为她看不见他，金洋自觉在人群之中站得太后面了。

隔了一天，金洋一早就到达九龙塘的又一城，这次郭子妮要为一家珠宝店开张剪彩，可是就只是剪彩而已，没有公开演出，所以粉丝也不像上次活动那样多。虽然如此，金洋也有收获，在剪彩之前，郭子妮终于跟他对上了眼，郭子妮在这一瞬间传来重要的信息："见到你，我很开心，下次再见！"虽然他送不出手上的礼物，但他怀着愉快的心情回到酒店。

这晚，他自慰了两次，脑中都是郭子妮。

又隔一天，他来到太古城中心，郭子妮又来宣传新唱片。前一天，他写了一封情书，打算亲手交给她，情书里面有他的联络方式。"我们都受相思之苦，但没有办法联络，唯有用书信吧，她知道我的电话后，一定会打给我的。"他有的是信念，可是没多少运气。早上九点，已经有人占了最前排。他只好站在舞台的侧边，那里还没有人。虽然不能在节目进行的时候正面望着郭子妮，但她在舞台上时，应该还是能看见他的。

下午两点，郭子妮出现了，跟他预想的一样，她走在他面前；但又跟他预想的不一样，太古城中心的保安手拉手形成人墙将他与郭子妮隔开。他料不到有此一着，但他很快就想到对策。郭子妮在台上唱了新歌《哭吧，我的梦》，也唱了旧歌《相爱在未来》。金洋心想："她刚才一定看到我了，否则不会唱这一首属于我们的歌。"

两首歌唱完之后，郭子妮还在台上跟观众玩游戏。活动历时一小时，人人都看得很开心。当郭子妮准备离开时，保安再次拉起人墙，金洋趁郭子妮差不多走过来的时候，瞄准保安手拉手的位置，用蛮力冲过去！可是，保安训练有素，人墙没被他冲破，他被拦了下来。虽然郭子妮头也不回地离开了，但金洋并没有放弃，最后他被几位保安拦到了一角。

"郭子妮是我的女朋友，我一定要跟她见面。"保安见状，决定报警。警察五分钟后到场了解情况，由于他不算犯法，警察抄下他的身份资料后就让他离开。

他没能将信息传给郭子妮，最后一个晚上也是白过了。他决定提前一天离开。而且，他有更重要的事，回到金华后必须第一时间解决。

妄想症与现实冲击

“我们分手吧。”方华怎么也不相信，金洋会对她说出这五个字，她吓得语无伦次，连问了几声：“为什么？为什么？”

“我要跟郭子妮结婚，所以要跟你分手了。对不起。”

“郭子妮？谁是郭子妮？”搞了半天，她才知道，郭子妮就是那个在《我们与“在一起”的距离》中出现过的香港女星。又搞了半天，她才了解到，这一切都是金洋自己的幻想。

“你疯了吗？”

“我没疯，这是真的。”

方华很害怕。翌日早上，她致电金洋的父母，把她知道的都说了。金洋的父母也十分惊讶，他们知道，这几个月来，金洋把手机、电脑桌面都换成了郭子妮的照片，房间也贴了郭子妮的海报。金洋的父母一直以为，他只是单纯的追星而已。三人都觉得好奇怪，就约定要一起带金洋去看医生。

金洋下班回家，见父母和方华都在，吓了一跳。方华说：“我不想分手，不如你去看医生。”

“我没有病，为什么要去看医生？”

“洋，那个什么子妮，她都不认识你，又怎会喜欢你呢？你冷静一点想想。”金洋父亲平心静气地说。

“爸，我知道这件事很诡异，但事实就是这样。我跟郭子妮已经有了默契，她一定会成为你的儿媳。方华，对不起，我们只能到此为止了。”

三人一直在劝说金洋看医生，方华哭得双眼红肿，不知道是哭莫名其妙失去男朋友，还是哭金洋的妄想症已如此严重。就在大家僵在那里的时候，哭干了泪的方华做出一个决定：“好吧，我们分手吧。”

金洋的母亲吓呆了。方华拥抱了她一下，在她耳边说：“暂时这样吧，我相信他康复的话，会再找我。”说完，她离开了金家。

金洋终于跟方华分手，但他没有一丝喜悦。他仍然喜欢方华，但他知道他的未来是跟郭子妮在一起，缘定三生，真的没法子。

可是，两个月后，郭子妮的微博发出了一条令人震撼的消息：“既然被记者拍到，我们决定公开。”配的照片是郭子妮跟一个年轻男子手牵着手的合照。男的名字叫陈思郎，是香港摇滚乐队

Day One 的贝斯手。

追星追出伤人罪

“为什么？”金洋脑海里全是问号，“就在十分钟前，在那首新歌《最爱面包的香味》的 MV 中，她还说很挂念我，很想跟我见面，为什么突然公开说有男朋友了？”

“我连跟我在一起七年的女朋友都甩掉了，已经开始存钱准备跟你结婚，为什么你要跟另一个男人好？难道，你以为我放弃了你？”金洋大惑不解，决定到香港一探究竟。

他跟公司请了事假，买了翌日到香港的机票。他知道郭子妮正在为电视台拍摄剧集《爱耕作》，在香港一个叫锦田的地方，他要正式向郭子妮传达自己的心意！“我连戒指都准备好了！”

一天之后，他来到香港。锦田很远，他只好搭的士去找郭子妮。他也说不清拍摄的具体地点，任由司机随便找个地方放下他。

“究竟在哪里？”他漫无目的地游荡着。突然，他听到右方传来一点声音。沿着声音的方向走过去，他终于看见拍摄团队了！只见一个穿着粗布麻衣，但脸上的妆容却非常光鲜的女孩，她不就是郭子妮吗？“子妮！”他大呼。

“谁在大叫大嚷？”金洋听到一个男人的声音，但无法确定是哪个人发出的。只见郭子妮望向他，右手放在嘴唇边，示意请他安静一点。金洋点头答应，同时他看到有四个郭子妮的女粉丝在一旁观看，他跑到四人旁边。

“Cut，休息十五分钟。”导演一声令下，全场像松了一口气一样。郭子妮跑到他们身边，她似乎跟其他四人很熟稔，有说有笑，也跟金洋打招呼：“你好，我没见过你啊，谢谢你的到来。”

听到“我没见过你啊”这句话，金洋莫名其妙地激动起来，说：“你见过我啊，我是金洋，你的情人啊。”郭子妮听着，瞪大了眼睛，吓了一跳，旁边的保安以及其余四个粉丝马上隔开金洋。金洋连忙解释：“你要澄清那些绯闻，我才是你男朋友啊，你最喜欢的人是我啊……还有，我带了戒指来，我会跟你结婚的！”金洋说着，从口袋中掏出一枚钻石戒指。

郭子妮被吓得魂不附体，立即转身离开，金洋挣脱了保安和粉丝的阻隔，一手抓住郭子妮，郭子妮哇地一声大哭起来，这次轮到金洋被吓呆了，他手一松，郭子妮立即跑得远远的。这时候，不只保安和粉丝，剧组的其他人也跑过来把金洋制服。

最后，剧组报了警，可能因为牵涉到明星，警方以伤人罪起诉他。法庭上，他依然不认罪，坚持说自己只是来找女朋友，并没有伤害任何人。法官听了他的疯言疯语，决定把他送来小榄精神病治疗中心进行相关的评估，看看他是不是有精神病。

裁决：罪行成立留案底，判三个月入院令

“他一定有病，妄想症。”主持人肥安对我说。录影棚内，在演员惟妙惟肖地把金洋的故事加以演绎之后，我们就回到对话。

“对。”镜头这时候正对着我，“金洋患的是妄想症。妄想症分很多种，他这种称为钟情妄想。法庭需要他的精神报告，送他来小榄时，他依然说着那些疯言疯语。”

“最后判决结果是什么？”肥安问。

“普通袭击罪成立，罚款港币三千元，但要留案底。”

“那么，他立即回内地去了？”

“那也不是。我们出具的精神病报告建议了判三个月入院令，所以他要到小榄接受治疗。”

“原本只是罚款，但却加了三个月入院令。”肥安一脸惊讶。

“对，很多人认为精神病报告可以减刑，这其实是错误的想法。在这个特别的例子中，还加刑了，因为一般情况下，这条罪也不会要人坐牢。”我继续说道，“因为他对自己患的病的认知非常低，重犯的几率很高，所以我们在写报告时也建议他最好接受治疗。”

“三个月之后，他医好了吗？”

“没医好。”

“为什么？”

“妄想症是一个很难医治的病，大部分病例并不是三个月就可以完全医好的。”

我说：“如果他是本地人，在仍未医治好的情况下，我们会转介他到其居住地区的精神病院；但金洋并非香港人，我们唯一可以做的，就是多给他一个月药，再附一封转介信，请他回到内地后继续看医生。”

“那么，他回内地后看医生了吗？”

“我们不知道，但他没有再回来了。”我希望金洋有一个完美的结局：他回内地后好好找医生医治，慢慢听不到郭子妮的“脑电波信号”，然后可能会发现，在他身边，一直有方华这个等待幸福的女人。

如果不是有病，他们本就该朝着幸福的方向发展。

钟情妄想

钟情妄想是妄想症的一种，患者会觉得某一个人很爱自己。

这个人通常是社会地位较高的、有名的人，如歌星、演员等。有时也可能不是真实存在的对象，如卡通人物。

患者会相信这个对象能够用身体动作、眼神等方式秘密向其传递爱意。但患者跟这个对象在现实生活中极少甚至没有接触。患者未必如故事中的金洋，希望和妄想对象发展关系；也有患者抗拒妄想对象的爱。

档案 8

强奸案竟然是幻觉

精神病人自己幻想一起强奸案，在现实世界固然没有人犯罪，但受害人的伤痛是真还是假？

案件：密室闯进强奸犯？

2009 年 6 月 3 日　湾仔唐楼

天空中的一轮新月，并没有把大地照得亮一点。

一名女子在寝室窗前望着月亮，叹了口气。她确认窗户已关，把窗帘拉上，就上床睡觉了。临睡之前，她再次爬起来，确认门窗都锁上了，没有人能够进来。

朦胧之间，她进入梦乡。

也在朦胧之间，她被带回现实世界。只见有

个男人紧紧地压着她。

“他怎么进来的？”她心底一惊，但也没时间细想，她要逃离这里。

可是那男人力气很大，她双手被按着，男人埋首在她的胸脯上。她想呼喊，却发现喉头被什么卡住了，不知道男人做了些什么，总之她就是发不出声响。

她知道男人想做什么，甚至感觉到男人的那个部位，她感到惊恐。

她的衣服也被扒光了，她紧守她的最后防线，男人见不能轻易得逞，终于动武，他一巴掌一巴掌地打她，痛得她死去活来。她感到晕眩，渐渐力不从心，防线不停地向后退，意识也渐渐模糊，最后不知道是自己放弃了抵抗，还是身体终于不听使唤。

不知过了多长时间，她醒转过来，私处感到阵阵刺痛。她爬起来，检查门窗，发现它们都是锁上的，那个男人究竟是什么时候跑进来的？

她感到非常惶恐，跌坐在地上。

谁照顾谁？

2009年7月5日　湾仔唐楼

“自从那件事之后，春姨像是放弃了自己似的。

对什么都无所谓，完全不懂保护自己。”若兰跟智轩说。这时候，客厅的电话响起，若兰从房间里冲出去，只见一个穿着粉蓝色衬衣的中年女子跑过去接电话。

“春姨，不要接！”若兰大喝一声，那个中年女子也停下了脚步。她四十来岁，是若兰的小姨。她呆呆地望着若兰，若有所思，还是决定不接电话，坐回沙发上。

“说了很多次，防人之心不可无。那些都是问你借钱的亲戚。上次他们找上门，你给他们开门，你知道吗？我放在床下的钱都被偷走了。我们不能再跟这帮亲戚来往，但你还想要接他们的电话！”若兰望着春姨，一副欲言又止的表情。她知道，五年前的创伤让春姨的生活遇到很多困难，尤其是她开始对所有人都没有防备之心。要知道，即使是陌生人，也有可能是扒手。

“今天去看医生啊。”春姨终于开口了。她常把要做的事写在月历上。不习惯看月历的若兰，经常忘记要做的事情。若兰心中一惊，如果自己要称职地照顾春姨，这些小细节一定要放在心上，不能给春姨增添烦恼。

若兰已经决定不结婚了。“我要照顾春姨，外婆去世了，也不能依靠妈妈，照顾春姨的责任就落在我身上了。”若兰想。

“出门吧。”若兰拿着一个大手提包，携着春姨的手，离开家。

问诊：男友提分手，痴情女性情大变

2009年9月1日　小榄精神病治疗中心问诊室

问诊室里坐在我面前的是春姨，她说着自己跟若兰的关系。

“我是她的小姨，她从小跟我一起住，我们感情很好。她对所有人都抱有戒心，除了我。即使是她的妈妈，即我姐姐，她都不信任，她只信任我，一心要照顾我，保护我。但她有精神病。对啊，她有精神病，却一直以为我有精神病，她要照顾我。”

“表面上，她在照顾你；其实，你在照顾她。”听到我说这话之后，她苦笑。

我的病人是若兰，她犯的是伤害他人身体和藏有攻击性武器两条罪，法庭在宣判之前，需要我们为她写报告，所以她来到小榄接受观察，已经两个星期了。

若兰一直不认为自己患有精神病，她认为患病的是春姨，甚至要春姨看精神科。春姨将计就计，带她到私人精神病诊所，可是徒劳无功，若兰还是不愿意看诊。

而这只是故事中的一个小插曲。

“可以从你认为若兰开始患病的时候说起吗？”若兰的问诊已经完成了，我也问询过她的母亲，今天春姨应邀前来，我感到她们都为若兰而努力着。

“好。”春姨开始说她知道的有关若兰的事，“五年前，她的男朋友智轩跟她提分手，让若兰性情大变。

“智轩跟若兰，二人中学时代就已经相识、相爱，本以为毕业后就可以结婚生子，但幸福美满的生活并没有来临。若兰中六毕业之后没考上大学，去了一家小公司当文员。智轩则成功考进香港大学，毕业后被著名的会计师楼[①]聘用了。”

“你也认识智轩？”

“对，他常来我们家吃饭。我一直跟若兰和她妈妈同住。”春姨接着说，“原本智轩和若兰都不

① 即会计师事务所。——编者注

认为学历会影响到他们的爱情，但事实是二人差距越来越大，话题开始变少了，对事物的看法也不尽相同。终于，智轩在公司找到趣味相投的人，即使他百般不舍，但还是做了一个狠心的决定。”

“这对她的打击很大啊。”这些背景资料，从未听若兰提及。

“我们外人很难想象那种打击程度。”春姨摇了摇头，继续说，“你知道吗，若兰从中学开始，一颗心就在智轩身上。他们从中四开始拍拖，为此，她宁愿疏远最要好的一些同学，因为这些同学不喜欢智轩。她知道自己成绩不好，也曾努力上进过，我从未见过她如此努力地读书，她希望自己配得上智轩，但她始终没能提高成绩。她在公司没有朋友，下班之后就是跟智轩见面。她憧憬着婚姻生活，憧憬着未来，是以她完全没有察觉到智轩对她的态度越来越冷淡。智轩提出分手，根本是把她的人生整个推倒。”

案件：警察为什么不抓人？

2009年7月10日

那女子思前想后，决定报警。

“门窗已经上锁，能够跑进来的，只有他。”虽然在黑暗中看不到对方，但那女子知道，只有他才能在这样的环境下闯进她的房间。

她说的那个“他”，是阿莱。“他是妈妈的新男朋友。我第一次见他，就知道他不是好人。他吃饭的时候常常偷看我，那种色迷迷的眼神，真是令人讨厌。我已经好好保护自己了，却还是敌不过他的侵犯，还要接二连三……我太不小心了，妈妈有我房间的钥匙，那他也会有啊。”那女子一边碎碎念，一边环视四周，她害怕在街上见到“敌人”。

终于来到警察局，那位名叫振民的警察竟露出一脸厌恶的表情，那女子在心中疾呼：“我被强奸了，我是受害者啊。”

“我把那晚的情况告诉他，他怎么一脸不屑？我哭喊着，他随手给我一盒纸巾，但为什么我感到的是冷漠？”那女子心中的疑惑反映在她倔强的眼神上。

“你在这里签一下字，然后就可以走了。”振民把口供纸递上。

“阿莱啊，强奸我的是阿莱啊！你为什么不派人去抓他？快啊，他就在我家，今晚会去我家。”

终于，她在警察局爆发了。其他警察都望过来，但随即又埋头工作。

“警察做事不用你教，你签完字之后回家吧。”振民冷冷地说。

“你应该派人二十四小时保护我，我关上门窗他都可以进来啊！”

“我们会尽快缉凶。”振民说着，露出光滑的牙齿，脸上挤出假笑。

那女子全身颤抖着。

问诊：把药物当成毒药

2009年9月1日　小榄精神病治疗中心问诊室

“若兰说她没有跟智轩分手。”我看了看问诊的记录，她的确这样说，还描述了两人相处的细节。

“那都是她想象出来的。她常常拿起电话说是跟智轩通话，其实是在自言自语。”春姨做了一个打电话的手势。

“最初出现的，就是这个行为？”

“对，之后还有其他更严重的，就是经常觉得人家想陷害她。亲戚打电话来，就是借钱。朋友上门，就是偷钱。甚至逛街时，她都觉得会有人打劫她，并且是某个人指使的。所以，她出门会带着刀防身。那些亲戚，我们一年见不到两次，非常不熟络，但她老是把人想成小偷。她变得神经质，也不可理喻。

“由于她经常语无伦次，我和姐姐都劝她去看医生。当时她还肯听我们的。家庭医生转介了精神科医生，精神科医生要她去大埔医院接受治疗。记得医生跟我们说，她的情况，大概要治疗两年。但半年之后，因为阴历新年，大家都想一家人团圆，就申请让她放假。岂料一出来，她怎么也不肯再回到医院了。”

精神科有时是会让病人放假出院的，尤其在一些重大节日。当然，医生会评估病人的精神状况，他们认为若兰当时的行为不会伤害自己和别人，就让她放假了。有些病人如若兰般，出院之后就没有再回去了。

“最初，她的精神状况还不错，我们都觉得可以让她试一试出院。但这个判断是错误的。离开医院后她没有复诊，也没有吃药，过了一段时间，精神变得非常差，跟之前一样，总觉得有人想陷害她。

“那时候，我在国外旅行，所以离家了一段

时间，这段时间却发生了我想象不到的事情。姐姐见她精神状况越来越差，就带她看精神科医生，医生让她服药，但她不肯服。姐姐想到一个办法，就是偷偷把药混在她的食物中。这办法不错，她吃了药后精神真的好转了。精神状况稳定，也愿意回精神科复诊，那之后她的精神状况一直都不错。

“可是，好的状态只维持了大约一年，若兰发现了这件事。我不知道她是怎样知道的，姐姐没有详细跟我说。”这一点我倒知道，上星期我见过若兰的妈妈，她说有一次不小心，药没有弄得很碎，被她咬到了。

之后的事，她们两姐妹的说法大致一样。若兰非常愤怒，自此之后连妈妈给的水都不肯喝，只喝自己烧的水或自己买的蒸馏水。她不肯跟妈妈同桌吃饭，只会自己煮饭，而且不让妈妈碰她的东西。有一次妈妈替她把一碟菜心从厨房端到饭厅，她直接把菜丢掉了。三个月后她搬出去住了，她非常害怕妈妈，常常觉得妈妈要害她。

幸好，她信任春姨。这段时间，春姨不在家，反而成了若兰的精神支柱。春姨回香港之后，借故跟若兰同住。若兰的精神状况逐渐变差，常常自言自语，语无伦次，觉得除了春姨，人人都想陷害她。“不同形式的陷害。在家就认为有人会偷她的钱，走到街上就觉得人家会非礼她。甚至她认为，五年前她外婆去世，是因为被她爸爸奸杀了。”春姨解释道。

我感到春姨的无奈，她不停地摇头，眼眶里也有一点泪光。

“她外婆是因为心脏病离世的。她爸爸离家多年，娶了一个内地女人，十几年都没有出现过。”春姨说，“我尝试给她服食精神类药物，但她说那是毒药，叫我不要相信外边的人。”

案件：又有案件发生？

2009 年 7 月 10 日

那女子愤愤不平地回家。她觉得警察并不会好好查案，就像前几次一样。

她给男朋友打电话，想告诉他昨晚的事，但电话没人接听。她气得大力把电话丢在沙发上。她想洗一个澡，昨晚那个男人太脏，她今早赶去报警时竟然没有洗澡。

她把衣服脱下之后，突然感到有人跑进了浴缸。

“阿莱！”随着她的惊呼，她感到有人抓着她的手。

那女子挣脱了他，冲出浴室。她不停地跑，但还是被阿莱一手推到沙发上，然后阿莱的整个身体压了上去……

问诊：这个人根本不存在？

2009年9月1日　小榄精神病治疗中心问诊室

“想再跟你确认一下若兰的家庭关系。”这部分虽然若兰和她的妈妈都说过，但也需要在春姨这里多听一次。

“好。若兰在香港出生。因为父母离异，她从小与外婆、妈妈和我同住。她有两个哥哥，由于他们跟了爸爸，所以两边一直很疏远。她爸爸因为另外有一个家，也可能因为若兰是女儿而不是儿子，不太管若兰。虽然若兰外婆、妈妈和我都在若兰身上倾注了很多心血，但我知道她为这个破碎的家庭而不开心。”春姨叹了一口气，接着说，“五年前，若兰外婆因心脏病发作去世，因为年纪大了，可以说是喜丧，但若兰非常伤心。对了，她跟男友分手也是那一年，相隔只有两三个月而已，可以想象她受的打击有多大。”

“若兰说，她的母亲三年前结交了男朋友。”我看了看资料，这样问。但我其实也知道答案。

“没有！不可能。姐姐对男人没有信心了。而且都一把年纪了，什么都放下了。

“再加上……没有就是没有吧，我是知道的。”春姨一边说，一边摇头。

“但若兰一口咬定，她的妈妈有一个男朋友，叫阿莱？”我追问。

“阿莱？她口中常说有个坏人叫阿莱，有时是她妈妈的男朋友，有时是自己的同学，其实这个人根本不存在！”春姨摊开双手。

“但她说阿莱强奸她。”我望着春姨。

“对啊。她每隔几晚就说阿莱强奸她，然后跑去报警。”春姨再一次叹气，“我还记得警察第一次来查证，我费了许多唇舌才说清楚是怎么一回事。但她一而再、再而三地到警察局报案，警察知道她是精神病患者，也就给她录口供，打发她走就算了。”

“换句话说，所有跟阿莱有关的事，强奸的事，都是她的幻想，对吗？”

“对。”

案件：挥刀砍向“强奸犯”

2009年7月11日　湾仔街头

那女子醒转过来，已经是翌日早上了。她什么时候回到床上的，她自己都不知道。

但私处隐隐作痛，足以证明阿莱的罪行。她十分愤怒，为什么阿莱可以一次又一次地侵犯自己，但警察却视若无睹？

她穿上衣服，出了门。临行前见到桌上有个面包，她还没有吃早餐，就把面包塞进口中。

走在街上，走在风中。阳光很刺眼。去警察局的路程只有两分钟，但路人有近百个，她感到十分危险。“左边那个穿黑色西装的男人，斜斜地走过来，肯定是想非礼我，想用手碰我的胸部。前面那个女的，样子太成熟了，和她身上穿的校服完全不搭，不就是正在跟踪我，想绑架我吗？右边这一个……咦，就是阿莱！”

她自己也吓了一跳，竟在街上见到阿莱！他强奸了她之后，竟然悠闲地在街上逛？怒火从胸口迸发出来，她一下子冲了过去，在他背后大力地推了一下。“阿莱”背对着她，不料有此一着，被推倒在地。她一边对他拳打脚踢，一边念念有词：“为什么要强奸我？为什么要强奸我？”“阿莱”挣扎着爬了起来，大叫：“救命呀！救命呀！”然后也管不得方向站起来就跑。那女子一边尾随，一边打开手提包，从包里拿出一把刀。

“放下武器！”在“阿莱”身前站着一个警察，他拿着枪指着她。

“若兰，出什么事了？”这时候，一个中年女子跑过来，拿走她的刀。

“春姨……”若兰望着这个中年女子，一脸茫然。

警察给若兰戴上手铐，并在她的手提包中搜出七把刀。

问诊：若兰的被害自白书

2009 年 8 月 30 日　小榄精神病治疗中心问诊室

以下，是若兰的自述。

“小时候，爸爸妈妈离婚了，爸爸带着两个哥哥走了。妈妈带着我投靠外婆，我们跟外婆和春姨一起住。我的学习成绩不好，幸好遇到了智轩，我的未婚夫。我们一起努力，他考上了大学，虽然我考不上，但我们有一个人成功就好了。

“我很少见到爸爸，他不喜欢回来。但五年前，他回来了，我们一起吃饭，跟妈妈、外婆和春姨一起。吃饱饭之后，我回房间睡觉，半夜我听到外婆房间传来惨叫声，我冲过去，透过门缝，我看到爸爸强奸了外婆！我很害怕，回到房间，在被子下面颤抖。第二天，妈妈和春姨告诉我，外婆死了。她们说是心脏病发作，但我知道，是爸爸！是爸爸奸杀了她！

“我没有精神病，一辈子都没有患过精神病，我是多么地正常，好不好？但那些亲戚，会吃人的，尤其是两个哥哥，他们想谋夺我的财产啊。他们捏造我有精神病，把我送进了医院！我进了医院，他们就可以进我家，把我的东西都偷光了！整件事情都是两个哥哥做的，是为了陷害我而捏造出来的。

“我没有看过精神科医生，怎么会？我只有在感冒时才看医生。可是我的命运很坎坷，但坎坷过后还是没有顺遂。我想最大的问题是阿莱这个人。三年前，阿莱出现了，我真的不知道妈妈是在什么地方结识他的，但我真的很不喜欢这个人。

一双眼睛色迷迷的，第一次见面就盯着我的胸部。但你知道吗，阿莱是爸爸的朋友，是两个哥哥派来陷害我的。他们加入了一个叫‘飞翼龙’的组织，‘飞翼龙’的主脑‘龙之子’，只有我知道他是谁，就是我的旧同事龙在天。那天，我在工作中得罪了龙在天，把他的功劳给抢了，当老板表扬我的时候，我看到龙在天很愤怒。我那时还不知道他是‘龙之子’啊，如果知道，我哪敢得罪他？自此，他就做了很多小动作，包括招揽我的爸爸和两个哥哥，他们都想陷害我，正好有同一目标了。然后派阿莱跟我妈妈好。

“家人之中，我最爱的就是外婆。外婆很慈祥的，我小时候想要玩具，妈妈和春姨都不买给我，只有外婆会买给我。他们知道外婆对我好，就派爸爸来把她奸杀了，外婆死得很惨啊。

“之后，他还收买了很多人。几乎街上的每一个人，都是来陷害我的。有的想非礼强奸我，有的想抢我的手提包，有的想爬进屋偷钱，这些都被我一一化解了。还记得那一次，有个男的想把我拖入后巷强奸，他还未动手，我就已经叫救命了。虽然警察说没有证据，但至少我保护了自己。

“为了保护自己，我会随身带刀。我记得我带了……六把？七把？忘了。

“危险太多了，我需要更强的保护。

“可是，最麻烦的还是阿莱。他进到家里来了，可以随意进出。（你不是没有跟妈妈住吗？）我没有跟妈妈住，但妈妈有我家钥匙，所以他也有。他多次强奸我，有一次还带了哥哥一起来，我根本无处可逃，即使我关好窗、关好门，他们也可以进来。每次完事之后，私处都很痛很痛，痛得死去活来。

“警察？没有用的。其实‘龙之子’也收买了他们。我知道的，他们不会听我的话，但我也要报警，至少留下一个记录。爸爸强奸外婆我也报了警，但他们不受理，那个叫振民的警察还在笑，有什么好笑的？

“阿莱把妈妈迷惑了。妈妈竟然在我的饭菜中下毒！虽然她不及外婆爱惜我，但她一直以来都供我读书，为什么会变成这样？所以我才搬走。没办法，我在街上提心吊胆，怎料在家也要防备她给我下毒？

“最后，我只剩下春姨了。但春姨从国外回来之后，得了精神病。我知道这也是‘龙之子’干的，他趁春姨最放松的时候给她精神攻击，她回来之后整个人都不一样了。但她也察觉到妈妈会对她不利吧，要来跟我一起住，她想得到我的保护，这是没有问题的。我会好好保护春姨。亲人之中，就只剩下我和她了。”

会议：一年期的入院令

小榄精神病治疗中心会议室

“很明显是精神分裂症。”Gary 说，大伙都认同，因为病情太明显了。

“来到小榄两个星期，职员说她一直不肯吃药，她仍然觉得自己没有任何问题，不需要接受任何治疗。”我继续报告，“但她说在小榄时，觉得自己不太安全。她说自己有一个通信器，可以接收别人和她说的话。在通信器里，她跟智轩通话，智轩告诉她，‘龙之子’已经买通了我们小榄的所有职员，要陷害她。不过，到目前为止，她都不认为我们会陷害她，她不相信我们，但觉得我们还没有出手。”

Gary 微一沉吟，跟我说：“法官虽然只是要求我们提交一份精神科报告。但我认为，她非常需要入院接受治疗。Robyn，你同意吗？”

“同意。她跟几年前不一样，病情严重了，带有攻击性，而且最重要的是，她不肯服药。”

“那么，Howard，你也去看看她，如果也同意让她入院的话，给我一份报告。”

“没有问题。”Howard 说。精神科医生要一个病人入院，需要两个注册精神科医生提交报告。

最后，Howard 交给法庭的报告也跟我提交的一样，认为若兰需要入院治疗，建议给她一年期的入院令。我们都觉得治疗若兰可能需要较长的时间，当然，入院令的时间不是我们随意安排的，也要看病人患病的严重程度，而精神分裂症一般至少需要一年时间才能接近康复。

若兰还是不肯吃药，但因为有入院令，医生可以强制她吃药。过了五六个月，她的精神状况已经好转了很多。虽然她仍然相信她想象中的所有事情都是真实发生过的，但她认为“飞翼龙”组织已经瓦解，“龙之子”和阿莱都已经死了，不会再骚扰她。

一年的时间很快过去，但我们都认为，以若兰这样的情况，她出院后还是有很大可能会不吃药。直到目前，她还是认为自己没有病，仍然觉得“龙之子”曾经陷害她，她也曾经被阿莱强奸，总之她认为她所想的事情仍然都是真实的。虽然有春姨照顾她，但春姨在控制病情上似乎未必能帮上忙，若兰未必听她的，所以我想申请把她转到中途宿舍。

中途宿舍是给一些刚刚康复的精神病患者居住的。任何一所精神病院出来的病人都可以申请住中途宿舍。中途宿舍的很多人白天可以出去上班，但晚上就要回宿舍，职员会看着病人吃药。大部分病人住在中途宿舍不会超过两年，之后便会重回社会。

可是，因为入院令已过，中途宿舍不能强迫她服药，所以我把疗法转为打针，这样就不用担心她把药吐出来。一般注射一次药物后，药力可维持两至四个星期。离开中途宿舍之后，亦可以叫她到青山医院复诊，继续打针。比起拿一包药让她在家服食，这样更容易知道她的情况。

到时，我还会安排社区护士跟进，如果若兰没有复诊，便会致电社区护士，让他们把若兰带回来复诊。

但这是几年后的事情，希望我安排的一切能够令若兰早日康复。最重要的是，修补她跟她母亲的关系。

精神分裂症的症状及成因

精神分裂有五个主要症状，具有其中两个或两个以上症状长达一个月，才能说一个人患有精神分裂症。

一、妄想。

二、幻觉。

三、思考形态障碍。

四、严重杂乱无章的行为。

五、负面症状，如情绪表达能力减弱或没有动力。

此外，亦会有社会功能和职业功能障碍，即疾病发作后，有相当高比例的时间在工作、人际关系或自我照顾等领域中，有一个或一个以上的领域，功能明显低于病发前的水平。

另外，若兰在案件中出现了很多不同的幻觉。幻觉的“觉”包括所有的感官感觉和幻象。若兰的幻觉包含了最普遍的幻听和幻视，幻听就是在电话中听到男朋友智轩的声音，幻视就是见到“阿莱”这个人物。还有幻觉（触觉），即身体的感觉，她感到被强奸，甚至翌日醒来后感到私处疼痛。

若兰没有的症状，是较少见的幻嗅，患病者常常会嗅到臭味，比如觉得自己身上发出尸臭或其他恶臭的味道，也有病人常常会嗅到香味。更罕见的就是味觉上的幻觉，比如一些人无论吃什么味道的东西都只感觉到苦味。

至于精神分裂症的成因，至今尚未完全明确。但普遍认为有几个因素是对精神分裂症有影响的：一是遗传基因，直系亲属中有成员曾患精神分裂症的人，患病的风险会比一般人高十倍。二是脑部组织及结构，精神分裂症患者，其脑部组织及结构与一般人不同。三是滥用药物。四是遭遇极大压力和打击。

后记

在上一本书《犯罪心理X档案：法医精神科医生真实办案手记》的后记中，我曾说过，如果有下一本书，我或许会写私人执业后遇到的案件。结果这个承诺暂时未能兑现，这本书仍然以法医精神科为背景，不过，也开始加入一些我私人执业后的生活，例如担任电视节目的嘉宾。无论是出书，还是上电视，我的目的都是推广法医精神科，让更多人知道这个专业，以及增进大众对精神病的认识。上一本书出版后，的确有朋友跟我说，终于明白什么是法医精神科了，也知道了我们不是给罪犯减刑的医生，这令我非常受鼓舞，也觉得花更多业余的时间做推广，是值得的。

接下来写什么好？如果你们有想法，可以告诉我吗？

何美怡医生

北京市版权局著作权合同登记号　图字：01-2025-1754

项目合作：锐拓传媒 copyright@rightol.com

图书在版编目（CIP）数据

犯罪心理 X 档案 ： 精神病人异常的内心世界 / 何美怡著. -- 北京 ： 中国法治出版社， 2025. 8. -- ISBN 978-7-5216-5315-1

Ⅰ. D917. 2

中国国家版本馆 CIP 数据核字第 2025YN3561 号

策划编辑：杨　智
责任编辑：吴权弟　　　　封面设计：汪要军

犯罪心理 X 档案：精神病人异常的内心世界

FANZUI XINLI X DANG'AN: JINGSHENBINGREN YICHANG DE NEIXIN SHIJIE

著者 / 何美怡
经销 / 新华书店
印刷 / 三河市国英印务有限公司
开本 / 880 毫米 ×1230 毫米　32 开　　印张 / 7　字数 / 103 千
版次 / 2025 年 8 月第 1 版　　2025 年 8 月第 1 次印刷

中国法治出版社出版
书号 ISBN 978-7-5216-5315-1　　定价：39.80 元

北京市西城区西便门西里甲 16 号西便门办公区
邮政编码：100053　　传真：010-63141600
网址：http://www.zgfzs.com　　**编辑部电话：010-63141733**
市场营销部电话：010-63141612　　**印务部电话：010-63141606**
（如有印装质量问题，请与本社印务部联系。）